武士道

相良　亨

講談社学術文庫

まえがき

〝彼は「侍《さむらい》」である〟という表現が今日でもしばしば使われる。「侍」であるという言葉の意味する内容は、われわれにもほぼ了解されているようである。了解しているからこそ日常の会話にも使うわけである。しかし、もしあらたまって、彼が侍であるというのは、彼のいかなる点を指すのか、彼のいかなる精神構造・姿勢を指して侍というのかと反問すると、その答は必ずしも容易ではない。われわれは、了解しているものをはっきりとした自覚にまでもたらさなければなるまい。新聞の人物評などにも、彼には「古武士の風格」があるなどという表現が、これまたしばしばあらわれてくる。さらにいえば、明治以降の思想家・小説家を評論する文章にも、彼は「武士的精神」の持ち主であるなどといわれることがしばしばである。しかも、「古武士の風格」といい、「武士的精神」といい、その意味する内容は自明のごとくとりあつかわれて、特に説明されることがない。「侍」とともにこの「古武士の風格」・「武士的精神」もまた、その内容があらためて問われ、明確な自覚にまでもたらされなければならない。私が本書で試みるのは、「侍」・「古武士の風格」・「武士的精神」などという表現が指し示しているもの、いいかえれば武士の道徳的気質とも呼ばれるところのものの私なりの解明である。

武士といえば、多くの人は、彼らの主従のモラルを連想するであろう。さらに武士たちのモラルは、封建的なもの、したがって今日においては一瞥だに値しないものと思われるであろう。私もまた、武士の主従のモラル自体には興味を感じない。それがいかに高い精神的緊張を示すものであっても、主君への献身というモラル自体は、明らかに過去のものであり、今日において否定さるべきものであることは余りにも明らかであり、否、すでに、はっきりと否定されたものであり、今さらあらためてとりあげる必要の認められぬものである。だが、私は依然、武士を問題にする。さらに積極的に、今日、武士は大いに問題にさるべきであると主張する。

たしかに、武士が生きた場を人間関係から捉えれば、その基本は主従関係であったけれども、いわゆる〝主従のモラル〟が武士の精神的生命のすべてではなかった。例えば、武士も一個の人間として死に対面していた。武士の死に対する姿勢は、彼らの主従のモラルと全く別個のものではないとしても、死の覚悟・死のいさぎよさが求められたのはただ主従関係の場に限られるものではなかった。少なくとも、主従関係の場において望ましい生き方として自覚された徳性は、他の人間関係の場にも、形をかえて、望ましいあり方として要請された。主従関係にとらわれることなく、関心を広く武士の生活全般にひらき、いかなる場に生きようとも、武士としてのあるべきあり方として常に要請されたもの、そして武士の身についたもの――今これを武士の道徳的気質と呼べば、このような武士の気質をこそここでは問題にしたい。このような武士気質は、また主従関係が崩潰しても、新しい生活の場に、より容易にうけつがれて行く。場を異にしてもうけつがれ、容易に解消しないもの、それだけ深く、武士を通して日本人の内面に沈澱したものをここでは問題にしたい。

武士気質は、単なる過去のものではない。少なくとも、まず私にとって単なる過去のものではない。私は、一面、この武士に郷愁に似たものを感じている。しかし、ながねん都会に生活したものが、郷里をなつかしんでも郷里に永住することが出来がたいように、武士に共感するものがあっても、それを肯定することは出来ない。

たとえば、〝いいわけをいわぬ〟という態度は立派な態度だと思う。そうありたいと思う。ところで、このいいわけをいわぬ姿勢は、歴史的には武士につながる。日本の歴史においては、いいわけをいさぎよからぬものと強くきらったのは武士であり、したがって、このかくありたい気持は武士への郷愁となる。これが私の武士に郷愁を感ずる一つの具体例である。ところが、私のかくありたい気持が武士につながることを知ると、武士の精神構造の全体に、このいいわけをいさぎよからぬものとする姿勢がいかに位置づけられていたかが私の問題になってくる。それは武士的なるものの一種の体系的統一の一環としておし出され位置づけられたものであろうと理解されてくる。氷山の一角の背後には海中に没した非常に大きなひろがりがあり、しかも、この背後のひろがりと氷山の一角とは深く質的につながっているのである。

氷山の一角は、一見憧憬すべき姿勢であっても、その背後の世界は、本論でのべるように様々の問題をはらんでいる。そしてその問題は、氷山の一角たるこの姿勢にも、あらわではないが、実は、はらまれているのである。だから、はっきりとした自覚の下に、この一角をその背後と切断した上での憧憬であればよいが、安易な憧憬は、しらずしらず、問題をはらむ武士的なものをそのまま肯定的に己のものとする危険をもつ。安易なる郷愁は、甚だ危険である。遠くから断片的にえがけば武士は私の郷愁の対象である。しかし、そこに至り、つぶさにその全貌をみれば、私はそこに落着くことができないのである。

武士的なものを思うごとに、私はこれに対する自分の姿勢の曖昧さを感ずる。郷愁を感ずるが落着けない。落着けないが郷愁を感ずるのである。この曖昧な自分をこえる道は、武士をみつめ、その正体をつきつめる以外にはあるまい。自分のなかに武士につながるものがあることを感ずるが故にそれだけ、私は武士をみすえ、対決しなければならないと感ずるのである。――もっともこれは私の個人的な感慨である。私の武士に対する関心が、単に私的な感慨にすぎぬものであれば、私として、今日、武士が大いに問題にされなければならないと主張することは出来ない。戦後に生れた人々が、おれたちにとって、武士は何ら関係がないといえばそれまでである。しかし私は、私の個人的な感慨をこえて、今日、われわれ日本人は、武士を見すえる必要がある、武士を見すえることから出発すべきであるといいたい。

嘗て日本人のバックボーンであったものは武士の精神であった。しばしばいわれるように維新及び明治前半期のめざましい変革が士族によってなされたものであり、少なくとも彼らによって指導されたものであり、武士的な精神が明治にもち込まれたであろうことは否定しえない。もっとも、社会の構造をことにし、新しい思想にふれた時代に、武士気質がいつまでもそのままの形においてうけつがれることは考えられない。また、一方に武士道を喧伝する運動があったが、武士道に対する批判も皆無であったわけではない。したがって、今日のわれわれがかつての武士そのままであろうはずはない。しかし、この百年、われわれが武士的なものをいかなる深さにおいて克服しえたかということは、依然問題としてのこされてくる。伝統を否定するが、これに代るべき新しいものを生み出しえないというのが現代の人類一般の傾向であるといわれるが、ことわれわれ日本に関して、武士道に代るべき新しい何ものをもまだしっかりと捉ええていないという事実は、われわれの祖先の武士的なものへの批判の徹底性に疑問をいだかせるに十分である。この百年、われわれが武士的なものを、いかなる深さにおいて克服しえたかということは、われわれがこの百年、近代化の方向に自らの精神をいかに変革しえたかということを示すものではないであろうか。近代化の方向の中に現在のわれわれがいかに位置するかを知るためには、この百年、われわれが武士的なものを如何に克服しえたかを知る必要があろう。われわれが自己自身との対決の姿勢を欠くにおいては、武士的なものがその核心において克服されることなく、単になしくずしに表面から姿を消したというにとどまる。もしそうであれば、われわれはこの百年を、はじめから出なおさなければならないのではないであろうか。しかして、その手続の第一として、われわれはまず武士的なるものそのものの理解からはじめなければならないのではないであろうか。

日清戦役後の明治三十年代から武士道が喧伝されはじめたが、その口火を切ったのは新渡戸稲造の『武士道』であった。新渡戸は日本を世界に知らせるためにこの書物を英文で書いた。武士道は彼にとって日本の魂であった。彼は、封建時代の子たる武士道は、その母たる制度の死んだ後にも生き残り、一つの無意識ではあるが抵抗しがたい力として、国民および個人を動かしてきたという。彼はキリスト者であり、また事柄を客観視する目をもっていたから、武士道がわが国民性の短所についても大いに責任があることを認めていた。また道徳思想として十分に成熟せず、今や武士道の日は暮れつつあることをも認めていた。しかし、彼において武士道は完全に絶滅するものでもなく、また絶滅すべきものでもなかった。武士道は、一つの独立した倫理の掟としては消えていくとしても、その香気は、その崩潰のなかから新しく現われるであろう新道徳にうけつがれなければならなかった。また、必ずうけつがれるであろうとも考えられた。

これら新渡戸の理解がどれだけ正鵠をいたものであるかについては、あらためて吟味されなくてはならないけれども、伝統に対する愛情と理解をもった、しかも世の国民道徳論者・武士道論者とはことなり、伝統に対する冷静な批判眼をもった明治の一思想家の発言としてうけとっても十分注目に値する。新渡戸をしてかく理解せしめた武士道は、ここ百年の理解に、またしたがって、現在のわれわれ自らの理解に欠くべからざるものではないであろうか。

最近、明治以降の思想史的研究にもすぐれた業績が数多く発表されている。しかしその大部分は政治思想史的・社会思想史的研究であり、主体の内面にかかわるものは皆無に近く、むしろ文学史の領域にみるべきものがある。私自身も、明治以降における武士的なるものの運命について語る準備がないが、このような問題意識において、やがて、現在のわれわれ自身に直接的にかかわる問題を究明するための予備段階として、本書の筆をとる次第である。

もっとも、武士的なるもの――武士気質についても、まだ十分に理解しえたとは思っていない。現在私が理解しえている限りのものの輪郭を、若干の章にわかち、書きまとめてみるという段階である。したがって、本書は試論の域を出ない。試論の域を出ぬものを敢て公に発表するのは、世の中において、かかる側面に対する関心が余りにも稀薄だからである。

なお、本書に対して、いかに試論であっても、余りにも歴史的変遷を無視した議論であるという批判が予想される。あらかじめ、この批判に答えておくのが賢明であろう。

われわれが大地に立って足下の地面をみれば、視界に入るのは、たかだか数坪である。だがビルの屋上から見下せば、一小都会は一望の下に見下せる。今もし人工衛星から地球にむけてシャッターを切れば、地球の半面が円形としてうつし出されてくる。私は今武士の全景が全体的に見渡せる距離から武士をとりあげているのである。武士の姿勢に歴史的な変遷があったことも知っているが、今はその変貌が問題なのではなく、変遷のなかに貫いているもの、あるいは変遷のなかにその輪郭をあらわにしてきたものが問題である。たとえ私が歴史的変貌にも関心をもつとしても、本書のような小冊子にそれをとりあげる余裕はない。

なお、書名を『武士道』としたのは、一般の表現にしたがったものである。第一章以下の本文においては、武士道という概念は、大体儒教的な士道に対する『葉隠』的なものを指して用いたが、表題にかかげた武士道はそのように限定された意味をもつものではない。私の関心の焦点は、『葉隠』的武士道と儒教的士道の根底に流れるものである。

目次

武士道

一、ありのまま

1　室町武家貴族の生き方

人前を偽り飾ることなくありのままの自己を以て立つこと、さらにいえば、ありのままの自己を以て勝負する姿勢、これを武士的な姿勢の第一にあげて考えてみたい。武士のありのままを尊重する精神を思うごとに、私がいつも思い出すのは幕末の思想家佐藤一斎の「口ヲ以テ己ノ行ヲ謗《そし》ルコト勿《なか》レ」(『言志晩録』)という言葉である。口を以て己の行為を謗るということは、自分のこの行為は誤っていた、かくかくの誤りを犯していると、言葉を以て、したがって人の前で自己を批判することであろう。一斎はかかる姿勢を「謗ルコト勿レ」と否定するのである。勿論、一斎は自己批判自体を否定したのではなく、問題は「口ヲ以テ」というところにある。つまり人前で自己批判することを彼は否定したのである。

人前での自己批判を一斎は何故にあるべからざる態度として否定したのであろうか。私の理解をのべれば、それは他からの批判攻撃にあらかじめ防波堤をつくることになるからではないであろうか。防波堤をつくってその安全地帯に逃げ込もうとするものがあると理解するからではないであろうか。先にものべたように一斎は自己批判自体を否定したのではない。むしろ反省の要請にはきびしいものがあったといってよい。自己批判を外に現わすべきではないという教自体がこのきびしさを語るものと理解することができる。彼は他者に対する愛情も極力外に現わさるべきでなく、内に秘めらるべきであり、そのことによって愛情が一層の深まりをもってくると理解している。自己批判もまた極力外に現わさるべきでなく、心の内面において行われる時、その自己批判は一層純粋なものとして保たれると理解していたのではないであろうか。

自己批判を外に現わさないということは、誤りを犯しておれば、誤りを犯した自己として人の前に立つことであり、他者からの批判を逃げかくれなくうけることである。つまりありのままの自己を以て立つことである。他者からの批判を逃げかくれなくうけた後、いかにするかということについて一斎のこの言葉は何も語っていない。この箴言自体は、逃げかくれしないいさぎよさを教えるところにねらいがある。しかしてこのありのままを持するいさぎよさは、〝いいわけ〟の否定につながる。人の前での、さらにいえば口先での自己批判は、このいいわけの姿勢につながる。——私が一斎のこの言葉から理解するのはこのような内容である。また、このように理解される一斎のこの言葉に私は引かれる。私もまたかくありたいと思う。

しかし、一斎のこの言葉の背後には、一斎の人間理解や彼の倫理観がひろがってい る。この一句に共感をもつということは、背後にひろがるものすべてに共感をもつこ とを意味しない。したがって、この一句と背後にひろがるものが一斎において切りは なしえないものであれば、われわれとして軽率な共感はひかえなければならない。こ のことはすでにまえがきにも指摘したとおりである。

さて、このような一斎の箴言に結晶した——この箴言がその唯一つの結晶ではない が——ありのままをよしとする武士の精神を理解し批判する為には、その歴史的に形 成された過程を考えなければならない。

ありのままを尊重する精神は戦国時代に特に顕著に自覚された。この戦国時代にお けるありのままの精神の誕生を理解するためには、戦国以前の室町の武家貴族たちの 生き方をまずあらかじめおさえておく必要がある。

室町幕府の将軍は、鎌倉幕府の将軍源頼朝のように抜んでた家柄の権威をもってい なかった。家格においてはほぼ同等の武将たちに君臨しなければならなかった。ここ において室町幕府が足利氏の支配を正当づけるために持ち込んだのは、政治の理想を高くかかげることであった。鎌倉時代の貞永式目が現実主義的傾向を多分にもつのに対して、室町幕府の建武式目が、政道の理想を語り、興廃は政道の善悪によることを強く正面におし出したことも、このことを示している。後年の偽書であるが、偽書であるが故に一層よく室町幕府の性格を語るものとして注目される『等持院殿（尊氏）御遺書』がある。その第四条に「天下ノ主ハ誰ト尋ヌ可キヤ。吾ニアラズ道也。故ニ政道順ニ行ハルトキンバ天下治ル。政道逆ナルトキンバ天下乱ル。然バ則チ吾能ク天下ヲ治ルニ非ズ、道ヨク天下ヲ治ム。故ニ道徳仁義ヲ天下ノ主トシ、吾謙リテ道ニ事エズンバアルベカラズ。」とある。足利尊氏を理想的な統率者としてえがこうとする時に、彼を道に事える者として捉えたところに、われわれは室町幕府の性格を端的にうかがうことができる。

家柄の権威に代って、道理に則る政治がかかげられたことは、それ自体は、政治に対する反省の深まりとして評価することができる。しかし、道理に則して生きるには決断を必要とする。室町の武家貴族たちにこの決断の姿勢がどの程度深く形成されていたかについては、その腐敗、特に応仁の乱を頂点とする、それまでの相つぐ内乱をみてもうたがわしい。

先にのべたように武家貴族たる室町の有力大名たちは家格において幕府と対等の意識をもち、また相当強大な力を依然保持していた。幕府がその支配権の確立を求めると、そこには当然有力大名との衝突がおこった。山名氏清・大内義弘といった有力大名が、幕府の圧迫から身を護るために、あわよくば幕府にとって代る為に、武力を以て幕府への対立をこころみた（明徳・応永の乱）。彼らは、幕府に加担する力の前に敗北してゆき、幕府の支配はそれだけ前進した。しかし、このことは有力大名たちの意識がつくりかえられて行ったことを意味するものではなく、今川了俊のような姿勢をつくり出した。つまり、あらわに力を以て幕府に抵抗することなく、表面的には幕府の秩序に順応しつつ、内面には依然「私」を持ちつづける生き方である。家柄における同等の意識を持ちつづけるが、表面には出さない。将軍の政治に不満をもつが、それも我慢する。しかし一所懸命になって幕府の命令のままにはうごかない。適当なところでお茶をにごす。余り武士の生くべき生き方などというものにこだわらない。時によっては不道不義無礼をもする。そうしなければ、この世に生きることは出来ない（『難太平記』）――。

これが、室町の武家貴族の社会の現実であった。したがって、この社会においてた。現実を遊離した空理空文であるにすぎなかった。ただ僅かに、藤直幹氏が『中世武家社会の構造』に指摘されるように、彼らの道への関心は、現実的には将軍を頂点とする儀礼的秩序の発達として具体化されていった。だが、この儀礼的秩序の中に生きたのは「私」を求める了俊的人物であり、表面の儀礼的秩序の整備・礼儀作法の洗練の背後には、私をほしいままにする乱脈が進行していた。そしてついに応仁の乱を惹起するにいたった。

賄賂と讒言による幕政の腐敗が応仁の乱の原因の一つと考えられるが、その当事者の一人に伊勢貞親という人物がいた。この貞親の息子に与えた教訓状『為愚息教訓一札』は、室町幕府崩潰期の武家貴族の生き方を如実に語るものであり、その生き方は、当時すでに活躍をはじめていた朝倉敏景・上杉定正ら戦国大名の生き方と余りにも対照的であった。戦国武将の生き方の新しさを知る為に、少しくこの貞親の生き方を述べておく。

賄賂と讒言に生きた貞親もさすがにあらわには賄賂と讒言とをすすめてはいない。しかしなお賄賂と讒言をしかねまじい心の動きは教訓状にも十分にあらわれている。

「能芸才智はあらばもとよりの事、只人の家をつがん者は万能よりも一心也。能芸にはすかずとも、肝要人にすくべき也。人と寄り合はざれば公界にて人とはいはれざる物也。専ら心得べきは此の一段也。穴賢々々。」

これが教訓のしめくくりの文章である。人と上手に付き合い、人にあしからず思われることが、なによりも肝要だというのである。長々と書きつらねた教訓も、すべて人にあしからず思われる処世法であった。しかも、貞親のすすめる処世法は、まず酒などをすすめて人の気をとりもつことであった。

「人に酒などすすむる事、第一、人にちかづく媒にもなるなり。」

特別りっぱな肴などを出さなくとも、ただちょっとかわった趣さえあれば、酒をなかだちとしてどんな人とでも知りあいになることが出来る。彼には友だちが沢山いて、みんなと心やすくつきあっているという「外聞」はよいものであり、大切なものである。お前のような人間は才能もいらない。「ただ、上意を始め奉り田夫に至る迄、わろくいわれぬを第一詮とす」。少しでも人から悪くいわれたら家門断絶である。

貞親はまた、人に物を贈ることも、人とのつき合いに欠いてはならぬことと考えた。特に「上意のよき者」・将軍に「口などきくもの」は心して常に招待などしてもてなし、また「物をもとらすべき也」。「かやうなればいふべき事をもいはず、かたふど（仲間）になるものなり」。馳走や贈り物で懐柔して仲間にひきいれ、思わしくない形でおのれの言動が将軍の耳に入ることを防ごうというのである。

交友をひろげ人づきあいをよくして自分の座を保とうとする貞親の心は、無気味なまでに執拗である。人に近づいても「その人、二日とも無音せば、人をつかはし文をやりて呼ぶべし」。ほっておくとせっかく知りあいになった者がまた他人になってしまう。二日とおかずねんごろに交われば「世上に人ずきなる人かなといはるるもの也」。自分と伊勢一門の存亡をこの人づきあいにかけていたのであるから、無気味なまでの執拗さとなったのも当然といえば当然である。

「いかに気にあはざる者来りたりとも対面すべし。敢て其の色を見すべからず。見すれば弥あだと成るべし。いかに野心をさしはさむものなりとも、甚深のやうなれば思ひなをす事ありて帰服する物也。心得べき事也。」

「ひとにあひしらふにも、さし下りてあひしらへば人もちかづく物也。」

このように貞親はすべての神経を、人によく思われるように、人とのつきあいを保ちつづけることに使いはたしていたように思われる。彼が特にそのおもわくを気にしたのは同等の社会的階層に属する人々であるが、ひろくは、上は将軍から下は田夫野人にいたるまで、彼はよく思われる者として自分を保とうとした。しかもそれを小手先の処世術によってなしとげようとした。はたしてこのような処世術によって「武命長久、家門相続」が可能なものであろうか。

今日伝わる『教訓一札』の記載が原文のままであれば、この『一札』は貞親がまた政所執事に就任する前のことである。このような私の権勢に汲々とする彼に一国の政治がはたしてなしうるであろうか。このような者を政所の執事とした幕府、貞親や貞親に類する者が実権を掌握した幕府は、世を紛乱に導く悪の温床とはなりえても、世の秩序を維持する力は、これをまったく失っていたといわなくてはなるまい。

2　戦国武将の生き方

戦国時代は、「私」の追求があらわに武力を以てなされた下剋上の時代であった。またこの時代に有効なのは、本人の実力である「器量」だけであった。

これらの点を少しく説明しておこう。まず当然のことながら下剋上が単独な個人においてなされたものでないということから考えなければならない。下剋上を企てる人間には必ず仲間があり、また頼みにする配下があった。仲間や配下の力を己れに結集することによってはじめて下剋上をなしえた。下剋上を企てる武士にも配下があったという事実を認めれば、下剋上を企てた武士が、同時に下剋上の対象であり、ねらわれる武士であったことも理解されてくる。ところで、自ら下剋上を企てる武士も、彼の配下が彼をねらい下剋上を企てることを好むわけではない。彼は自ら下剋上を企てるが故に、いかにすれば下からの下剋上のつき上げをしのぎうるかを知っている。下剋上の英雄はそれだけ下剋上をしのぐすべに通ずる者でありえたのである。下剋上の英雄秀吉が、下剋上の徹底的な弾圧者であった事実もこのことを象徴的に示している。したがって、戦国時代の下剋上の進行は、下剋上をしのぐ精神の高まりと別のものではなかったのである。

下剋上とは何か。それは従来の権威・従来の秩序を否定することである。もっとも戦国時代においても従来の権威・秩序が完全に否定し切られたわけではなかった。幕府や、将軍を背後にもつ守護職の権威はなお存続していた。ただいいうることは、従来の権威がそれだけで、もはや人々の行動を規正しうるものたりえなかったことである。では、ここに新しく登場してきたものが何であったかといえば、それは実力、当時の表現を以てすれば「器量」に対する評価であった。今の世にあっては器量がものをいうという意識が下剋上という現象をおし出したのであった。

先にのべたように、下剋上の精神と下剋上をしのぐ精神は根底において別のものでなかった。したがって、下剋上が器量の意識からおし出された現象であったとすれば、下剋上をしのぐのもまた器量であった。下剋上をしのぐすべは、もはや従来の権威ではなく本人の器量であった。人心を己にひきつけ、人々の力を己の力として結集しうる器量が、上位に対しては下剋上として現われ、下位に対しては、その下からの突き上げをしのぐ力として働いたのである。

具体的に考えてみよう。戦国大名の一人朝倉敏景をとりあげてみよう。

応仁の乱の誘因の一つに管領斯波氏の相続争いがあげられる。この相続争いには朝倉をはじめとする斯波氏の重臣甲斐・織田らの介入があった。斯波氏では応仁の乱以前から専制化をめざす斯波義敏と、専制化に抵抗して斯波の一族である渋川義廉を主君に迎えようとする朝倉・甲斐・織田らの連合勢力とが対立し、応仁の乱では義敏は東軍に、義廉らは西軍に属した。だが朝倉敏景は、西軍に属しつつも京に上らず、越前にいて、荘園を侵略し、ひたすら自己の勢力の拡大をはかり、また機をみて東軍に寝返りなどして、ついに越前の守護職を獲得した。その後和議がなって名目的には斯波義廉を主君とする越前の守護代ということになったが、越前の事実上の支配者としての朝倉の地位は確保された。

下剋上の戦国大名のはしりともいうべきこの朝倉敏景は『朝倉敏景十七箇条』を定めたが、その第一条には「朝倉の家においては宿老を定むべからず。其の身の器用忠節によりて申し付く可き事」とあり、その第二条には「代々持ち来り候などとて、無器用の人に団扞《うちは》に奉行職預けらる間敷き事」とある。つまり、敏景はその統治において何よりもまず能力主義をうたったのである。過去的な権威ではなく本人の実力を何にもまして高く評価したのである。世を実力の世界と理解し、己の実力を自負し、実力を以て越前一国の実権を掌握した敏景にしてはじめて、その統治において高く能力主義をかかげることが出来たのである。また、第十七条には「諸沙汰在所の時、理非少しも曲げられまじく候。若し役人わたくしも致し候由、聞き及ばれ候はゞ、同罪に堅く申し付けらるべく候」とあり、さらにこれを説明して「諸事内方《うつろ》を吟味申し候沙汰致し候えば、他国の悪党出ぬものなり。みだりがはしき所としられ候へば、他家より手を入ものにて候」という。朝倉の名字がつづくか否かは、ただひとえに、主君なる者が理非善悪をただしわきまえるか否かにかかる。「主君の一心」のもち方に、越前一国の実権をにぎった朝倉の命運はかかるというのである。「主君の一心」という主君の器量にすべてがかかるというこの確信は、彼の体験の中から得られた確信、実力によって今日の栄光を得た者の確信であった。

実力器量は頼もしさとしてうけとられる。〝頼もしさ〟は、頼み頼まれる人間関係を背後にもつ時生きて働く言葉である。頼むとは、己に願望するところがあり、この願望がその人に頼む時に遂げられると期待するものであり、頼もしさとは、かかる期待を実現してくれるであろう能力が予想される時に使われる。戦国時代の人間関係は、まさにこの頼み頼む関係にあったといえよう。頼むということは、下が上に頼むことに限らず、上が下に頼むことも、同輩相互の間にもある。だがともかく、主君たる者は下位の者から頼もしく思われていなくてはならない。頼もしくなければ、人々はより頼もしい人々を求めて離叛する。さらに人々が頼もしいとして頼む者には、多くの場合、その人物の将来性——下剋上が期待されていたのである。

さて、戦国時代における器量頼もしさの内容であるが、余りにも当然のこととして第一にあげうるのは、戦に強いこと、武略にすぐれていることである。しかし武略にすぐれておりさえすれば必ず勝つというものでもない。またたとえ、勝負に強い者であっても、人格的に信用しえない者は頼もしくない。裁判に私があり恩賞に不公平な者は頼もしくない。自分の財宝の蓄積のみをはかり、下々を軽蔑し徒らに重々しい者も頼もしくない。当時の表現を以てすれば頼もしい者は「文武両道」である。武は武略武芸であるが、文は道義性、人間的魅力である。この文と武とを一身に実現した者が頼もしいのである。

敏景が、主君たる者が心に偏屈なく、理非善悪を正しくわきまえるべきことを強調したことは、すでにのべた。敏景は頼もしさの根本を何よりも一心の正しさ直さに捉えたのであった。だが敏景はさらに「無奉公の者と奉公の族と同じくあひしらはれ候ては、奉公の人いかでかいさみ有るべき事」（第十条）と恩賞の公平を説き、「家中諸奉公人の内、仮令不器量無調法に候とも一心健固の輩には別して愛憐を加へらるべく候」（第九条）と下々への愛憐を説いた。元来、主君もまた部下を頼みとして生きるのであって、頼みとして頼む者に対する相応の尊敬といたわりが主君に求められた。敏景とほぼ同時代に関東に雄飛した上杉定正は、「貴賤上下」にかかわらず積極的に意見を具申することを求めた。また自分の勝利は「只、功者共に行て相問尋ぬる事を恥ぢず、其の上を以て分別」しておさめた勝利であり、部下の力の結集以外に自分の勝利はないという。ここには定正の力と頼む部下に対する一種の敬意がおのずからにじみ出ているといえよう。しからば定正の「当方中勇兵等大功を以て成る事も、定正一身の誉と聞えず。されば朝々暮々老若をきらわず、祗候の者どもには、或は礼儀に及び、あるいは情の言葉をかけ云々」（『上杉定正状』）という言葉も、その心からの言葉としてうけとられてくるのである。

　北条早雲の子氏綱がその子氏康に与えた教訓状にも「侍中より地下人・百姓等に至る迄、何れも不便に存ぜらるべく候。惣別人に捨りたる者はこれなく候」と教えている。いかなる者たりといえども「此者は一向に役にたゝざるうつけ者よと見かぎる」のは「大将の心」としては「浅ましくせわしき心」である。大将に見限られれば、お役に立とうという心もなくなり、本当にうつけものになってしまう。大将も完全な人間でないから見誤りもあるであろう。だが、下々百姓にまで心をかけ、何人をも見捨てまいとする心が肝要である、と。ここには戦国大名の下々の者に対する運命を共同にする一体感が流れている。単に北条一家の存亡の為に人心を収攬しようというのではなく、北条氏の運命と配下の人々の運命との一体感がここには流れているというべきであろう。

以上は、戦乱の体験のなかに自覚されてきた頼もしさの主なものである。この頼もしさをより豊に身につけ得たものが、下剋上のこの時代に人心を自己に引きつけ、自己に結集した力によってその栄光ある地位にまでのし上り、また栄光ある地位を保つことが出来たのである。

3　興廃を道義にかける

室町武家貴族の生き方、および戦国武将の生き方の説明に少しく紙面をとりすぎたようでもある。しかし、これだけのことを予備知識とすることによって、これからとり上げる問題に対してより豊な理解が可能になると思う。

ところで、戦国大名の器量・頼もしさを、裁判恩賞の無私公平・下々に対する愛敬・武略と徳目的に列挙するだけであれば、あるいは室町の武家貴族の内にも、すでにこれらの徳目は自覚されていたといえるかもしれない。現実には賄賂・追従・讒言が横行した室町の武家社会にも無私と道理が教えられていたことはすでにのべた。だが室町の武家貴族と戦国の武将との間には、道理のうけとめ方に質的な相違があった。すでに彼らそれぞれの生き方をやや具体的に考察したことのなかに、おのずからこの相違は示されていると思われるが、ここにその相違を端的に語るものがある。

室町時代随一の学者といわれ、応仁の乱の時代の武家貴族たちの教師でもあった一条兼良は、まず八幡大菩薩に「威勢」をつけたまえと祈念すべしと教えた。勿論それは我儘を行うためではなく「威勢だにもあらば道を道に行はんと思ふによりて」(『文明一統記』)であった。つまり威勢は道の実現の中にのみ形成されると理解していた。しかし、戦国の武将たちは、主君の一心に興廃がかかると理解していた。今もし、兼良の言葉に対して戦国武将の心を伝えるものをひけば「たとひいのらずとも此の心持(正直)あらば、神明の加護あるべし。」(『早雲寺殿二十一ケ条』)ということになる。この両者の相違にはいろいろの問題がふくまれているけれども、少なくとも、戦国武将において、正しさ・道理がその興廃をかけた切実さにおいてうけとめられたということだけはいえよう。威勢をつけたまえと八幡大菩薩に別箇に祈るべく教えられた室町武家貴族にあっては、道理に対して興廃をかける切実さがなく、それだけ空理空論となる可能性をもつものといえよう。

もっとも、興廃が道理にかけられることによって、悪くすると、つまりその堕落形態においては、道理が興廃存亡の手段的な意味をもってくる。近世においてはその儒教の教育によって、この堕落はあらわにはあらわれなかったが、それでもなお、彼らが振舞い方の嗜とするところなどには、例えば寡黙をよしとすることなどのかげには、保身的姿勢がかくされている。戦国武将がその興廃を道義にかけたということは、この意味においても、武士の道義のうけとめ方として極めて重要な問題であるけれども、今は、この点にはこれ以上ふれないことにする。ここではただ、興廃を道義にかけたということにおいて、戦国武将が室町の武家貴族とことなるということ、しかして、その道義のうけとめ方のこの切実さが、彼らのありのままをよしとする姿勢につながるということに注目したい。

ところで、次の一文はこの切実さを如実に示している。

「大事の合戦の時、又は大儀なるのき口などの時、大将の心持見んために士卒をして種々にためすものに候。聊も弱々敷体を見せず、詞にも出すべからず。気遣油断有間敷候事。」（『朝倉宗滴話記』）

下剋上の時代においては、上位者は多くの下位者の目にさらされていた。上位者の一挙手一投足には多くの下位者の視線がそそがれていた。したがって室町の武家貴族のように、たとえば先にあげた伊勢貞親のように、小手先で表面を飾ることは不可能であった。右の文は、この下剋上の世における上位者のきびしい生き方を示すものである。日常的な場においては、あるいは人前を飾りおおせるかもしれない。しかし危急な場では人は地金を出す。しかも意地悪く、士卒はまさにこのような危急な時に大将の心をためそうとするのである。このような位置におかれた大将としては、もはや士卒の目を欺き偽り通すことは出来ない。人前を飾るのではなく、まさに、〝ありのまま〟の姿において、しかも弱味を示さぬ武士たりえてはじめて、人々は彼を頼もしい大将として頼むことになる。下剋上の世の武将は、頼もしそうに振舞うのでなく、事実、頼もしくあらねばならぬのである。頼もしくならなければ滅亡あるのみなのである。同じ宗滴はまた「内の者にあなどらるると、主人心持出来候はば、はや我心狂乱したるよとさとるべし。（中略）一段比興なる心中且は家の乱の基也」と教えている。下剋上の突き上げを僅かなりとも意識し、動揺するところがいささかでもあれば、すでに没落必定と教えるものといえよう。将たる者はあなどられているのではあるまいかという意識、あなどられまいとする意識をつきぬけて、ありのままの自己を以て、内の者の前に立つべきなのである。勿論それは気儘に地金のままにという意味ではない。ありのままとは、いわば一つの境地であり、きびしく自己をみがきあげる努力をふまえてはじめてありのままたりうる。人の前を飾り偽ることなく、ひたすら自己自身をきびしくみがき上げつつ、そのありのままの自己を以て勝負をするというのが、ありのままをよしとした戦国武将の姿勢である。

朝倉宗滴は先にあげた朝倉敏景一門の武将であり、「武者《いくさ》は犬ともいへ畜生ともいへ勝つ事が本にて候」といい切った武将として有名である。人々はここから戦国時代の暗黒を理解するであろう。たしかに、戦国時代には血みどろの戦いがつづけられていた。しかし、文字通りに犬であり畜生である武将はこの戦いから消えていった。犬ともいえ畜生ともいえ勝つことが本だといいはなった宗滴も、きびしく自己を規正し、そのありのままの自己を以て立つ武将であった。血なまぐさい戦乱の中に、きびしい姿勢が生れてきたのである。

ところで、このありのままをよしとする自覚を戦国時代の文献でもっとも明確に表現するのは『早雲寺殿二十一ケ条』である。北条早雲の教訓状であることには疑問がないわけではないが、戦国・桃山期のものであることは間違いない。たとえ早雲のものでないとしても戦国時代におけるありのままの精神を語る代表的文献であることには変わりない。

「上下万民に対し、一言半句にても虚言を申すべからず。かりそめにも有のままたるべし。そらごと言ひつくれば、くせになりてせらるるなり。人に頓てみかぎらるべし。人に糺され申しては一期の恥と心得べきなり。」

この文章は直接的には虚言に対するありのままの教であるが、根底に流れるものは、人前を偽り飾ることなく裸のありのままの自己を以て立つ人格の強さを語っている。しかも、『二十一ケ条』のありのままが、気儘の肯定でなく、きびしくきたえ上げたその自己のありのままであることは、この二十一条が武士のあるべき姿としての細かい行儀作法、不断に緊張した心づかいを説くことによって理解される。和辻哲郎氏はここに説かれた武士のあるべき姿は「何となく僧堂の修行者を連想せしめる」といわれるが、大体二十一という数字は元来仏教者の好んだものであったらしい。道元に僧堂における修行者の心得をといた『重雲堂式』なるものがあるが、これも二十一条からなっている。

「堂のうちにて、はなたかくかみ、つばきたかくはくべからず。道業のいまだ通達せざることをかなしむべし。光陰のひそかにうつり、行道のいのちをうばふことをゝしむべし。をのづから少水のうをのこころあらむ。」

「手水をつかはぬさきに、厠《かはや》より厩《うまや》庭門外迄見めぐり、先づ掃除すべき所を、にあひの者にいひ付け、手水をはやくつかふべし。水はありものなればとて、たゞうがひし捨つべからず。家のうちなればとて、たかく声ばらひする事、人にはゞからぬ体にて、聞にくし、ひそかにつかふべし。天に跼《かがみ》、地に蹐《ぬきあし》すといふ事あり。」

前者が『重雲堂式』の一条であり、後者は『早雲寺殿』の一条である。『早雲寺殿二十一ケ条』の自己規正のきびしさが、僧堂における修行僧のそれに通ずるきびしさであることは、この一文をみても理解されよう。つまり、偽り飾ることのないありのままは、修行僧にも通ずる自己規正のきびしさを内容とするありのままであったのである。いいかえれば、武士のあるべき姿への自己規正のきびしさにおいてはじめて、ありのままたりえたのである。

武士のあるべき姿を『早雲寺殿』は次のようにとらえていた。

「拝みをする事身のおこなひ也。只こころを直にやはらかに持ち、正直憲法にして上たるを敬ひ、下たるをばあはれみ、あるをばあるとし、なきをばなきとし、ありのままなる心持、仏意冥慮にもかなふと見えたり。たとひいのらずとも、此心持あらば、神明の加護有ㇾ之べし。いのるとも心まがらば天道にはなされ申さんとつゝしむべし。」

ここにも「ありのままなる心持」という表現がある。このありのままと先の「かりそめにも有のままたるべし」のありのままとは、根本は同じものであろう。しかし先のありのままは人との関係の場でとりあげられた偽り飾らぬありのままであり、このありのままは、いわばあるべき道理のままに生きるありのままである。あるべき道理のままに生きる道義的な強さが赤裸々なありのままの生き方を可能にするのである。

あるべき道理のままに生きる「ありのままなる心持」は、『早雲寺殿』においてまた「正直憲法」と捉えられている。この正直は中世の元徳中の元徳ともいうべきもので、たとえば「（鏡は）一物をたくはへず、私の心なくして万象をてらすに、是非善悪のすがたあらはれずといふことなし。其すがたにしたがひて感応するを徳とす。これ正直の本源なり。」（『神皇正統記』）のごとく理解されていた。つまり、私心がなければ、おかれた状況におけるあるべきあり方、則るべき道理が、鏡が物をうつすがごとくありのままに捉えられ、また私心がなければ、そのあるべきままに言動する。私心なく、あるべき道理をありのままに捉え行う心の状態、それがここにいう正直の徳なのであった。『早雲寺殿』の「正直憲法」「こころを直にやはらかに持ち」「ありのままなる心持」が、この中世一般の正直に内容的につながるものであることは説明するまでもあるまい。しかし、戦国武士がこの中世一般の正直をうけとめた時、一つの注目すべき変化があらわれている。それは、正直たることのきびしさの自覚が加えられてきたことである。さらにはまた、この正直が裸の自己を以て立つ強さのふまえどころとしてとりあげられてきたことである。

いかにすればありのままたりうるかという点については様々な理解があってよい。私がここで指摘したいのは、戦乱の中にありのままを重んずる精神が形成されてきたということである。

4　女侍批判

戦乱の中に形成されたありのままをよしとする精神は、近世の初期に書かれ、戦国時代に形成された武士の思想を集大成したともいうべき『甲陽軍鑑』において、さらにくわしく展開された。しかもここではありのままであることは、単に統帥者としての武将に要求される姿勢であるに限らず、武士一般のあるべきあり方であった。『軍鑑』では、ありのままの精神がいかにもろもろの美徳の根源であり、またその欠如としての偽り飾る精神が、いかにもろもろの悪徳の根源であるかということが説かれた。就中、ありのままたりうる者にしてはじめて、事の真相を見極め、あるいは善を善とし悪を悪とし道理のままに生きうることが説かれた。『軍鑑』においては武士らしからざる武士が女侍・町人侍と呼ばれている。女人及び町人は「責《かざり》は女人或は町人の法也」ときめつけられた。少しくくわしくいえば、

「おとりをましと云、ましをおとりと云ふ事は、町人女人のせんさく也。町人は商売をもつぱらにしていかやうなる、いやしき者をも殿様とあがめ候は、売物う

りはらはんと云ふ儀にて如レ此。就レ中女人は人にかくるゝも、我つまに能く思はれんことを思ひ、同くかほにべにおしろひをぬりて、男によくしたしまんと云ふ意地のかざりなり。いづれもかざるは、内心軽薄のいたす所にて、武士には大きにきらひ申し候。」

である。女人と町人とは必ずしも同じではないけれども、偽り飾ることにおいて両者は一つであった。武士らしからざる武士を女侍・町人侍と呼ぶところに、『軍鑑』の武士らしい武士の理解に、ありのままであることが極めて重要な位置を占めることが示されている。

ところで『軍鑑』において、ありのままが特にとりあげられるのは、敵の謀略に対する姿勢、さらには他者を褒貶する姿勢が問題にされる時である。ありのままであることが、これらの場合、いかに望ましいあるべきあり方として理解されていたかということを考えてみたい。

戦国時代において敵に対する謀略は当然のこととして認められていた。味方内部での虚言は『早雲寺殿二十一ケ条』のすでに引用した文章をあげるまでもなく否定されたが、敵に対する謀略は、謀略による勝利であってはじめて安定した強みを感じさせるといった形で肯定された。また多勢で小勢に勝つのは真の勝利ではなく、小勢で多勢に勝って真の勝利というべく、小勢で多勢に勝つには知的な作戦勝ち以外にはありえないという形で肯定された。あるいはまた、謀略を用いることをいさぎよしとせず、弱味の表現としてきらい、ただひたぜめにせめる軍法をよしとする大将を、家を滅ぼし国を失う悪しき大将としてすら非難した。ともかく、このように、戦国時代の現実において、謀略は常のことであった。そこで、関心は、謀略を用いることのよしあしの議論よりも、敵の謀略にしてやられるか、やられぬかであり、謀略にしたおされない武士を武士らしい武士としてえがくことであった。

さまざまな情報が乱れとぶ時に、武将たる者は、その情報におどらされてはならなかった。彼はあくまでも事実に即して判断して行動をとらなければならなかった。今ここに一城を守る武将がいたとする。この武将に敵方に属する伯父から、主君の滅亡を知らされたとする。この場合、この武将としてはいかに振舞うべきかという問題が出てくる。『軍鑑』は、

「伯父といひながら、敵方より告来るは計略と思ふべし。計略するはいにしへより今に至るまで、敵味方のならひ也。武略をもつておさむるは、武士の第一のほ

まれと云。然れば計略にしたをさるゝは女人にあひ似たる事也。（中略）敵方より告来らば、虚言と相心得、此城を立ちさらざるは、武士にめづらしからぬ作法也。（中略）一儀事実正におひては、定めて味方より飛脚到来すべし。」

という。武士の世界は互に武略する世界であったから、それだけ一層、確実な事実をふまえて行動をとらなければならなかった。そして事実にのみ即して行動し、敵の計略にしたおされないのは、実は本人の心の姿勢の問題であった。

敵の計略にしたおされる武士を『軍鑑』は女人にあい似たる武士――女侍という。女人は、すでにみたように『軍鑑』においては、他人によく思われようと飾る人間である。他人によく思われようとして飾る人間がなぜ敵の計略にしたおされる人間となるのか――。

『軍鑑』は女人を、他人によく思われんと自らを飾る人間と理解したが、それは『軍鑑』の理解した女人の本質、女人のすべてであった。女人には自らを飾り他人によく思われようとする姿勢以外のなにものもなかった。同じく飾る人間であっても町人には、大地震が来ても微動だにしない「欲得の意地」なるものがあり、すべてがこの欲得の計算からなされるが、女人にはよかれ悪しかれ確固として立つ彼女自身の生き方というものがなかった。女人はただ飾りたてて他者によく思われ、その他者の庇護の下に他者の力にたよってのみ生きる人間であった。だから女人は「穿鑿なしにむさと我ひいきをほむる」ことになる。よかろうと悪かろうと、証拠があろうとなかろうと、理窟をつけて力と頼む者をほめ、しからざるものをそしる人間である。力と頼むにはより有力な人物が望ましい。嘗ていかに恩義をうけても、落ぶれた者は頼みがいがない。だから女人は恩義をすてて世にときめく者に追従軽薄する。あるいは又「只大勢の方を専ら守（る）」。ともかく女人には、事実の真相がどうであり、道理がどうであるかは問題ではない。真相を見極めて生きようとする姿勢はこの女人にはない。そしてこの、まさにことの真相を見極める姿勢の欠如が、敵の計略にしたおされることにつながるのである。

人前を飾り他者に追従し「只だ大勢を固く守る」人間には、ことの真相がいかにあるかは問題にならない。真相を見極める姿勢は生れてこない。真相を見極める姿勢が身につかないから、敵の計略にもしてやられることになるのである。ところで、このことをいいかえれば、偽り飾ることなく、裸の自己を以て立つ武士には、事態の真相を見極める姿勢があり、この姿勢があるところ、敵の計略にしてやられることはない、ということになろう。たしかに、『軍鑑』のえがいたありのままの自己を以て立つ武士は、真相を見極め、計略にかからぬ武士であった。だが、以上の説明は消極的であって、ありのままの武士が必然的に事態の真相を見、これをふまえて生きる武士としてあらわれるということは、まだ明らかでない。この点については、これからの考察で明らかになろう。

5　事実に生きる

事態の真相が見極められなければならないということは、敵の謀略に対してのみ説かれたわけではない。戦場にある武士のあり方一般について、さらには、武士の生活一般において、『軍鑑』は事実の尊重を、「推量」を排して「証拠」によるべきであることを強調した。戦闘は彼我の戦力を客観的に捉えた上で行われなければならなかった。『軍鑑』によれば、武田信玄は、このことを特に重んじ、いかに一見すばらしい行《てだて》であっても「ふまへどころのなき事をば少しもまことになされず」、「ふまへ所は」と問い、「推量のあてがい」を否定し、「証拠ある申（し）様」を称賛したという。そこで武田家には「念を入れ、証拠を引て申し上（ぐ）る」家風がつくられたという。さらに「証拠」は戦場においてのみならず、日常的な場でも重視さるべきであった。例えば主君に謀叛の心があるらしいという噂も、噂である限りとり上げらるべきではなく、あくまでも「証拠」がおさえられなければならなかった。さらに武士相互の「人を褒貶する仕方」というより日常的な問題においても「証拠」が重んじられなければならなかった。しかしてまた、ここでも、「証拠」をふまえ事実に即してのみ人を褒貶することは、「ありのまま」たりうる武士においてのみ可能であるとされた。

功名手柄を競う武士社会にあって、しかもこれに生活がかかっていたことを思うと、武士相互の毀誉褒貶が、相当あらわにはげしく行われていたであろうことは想像にかたくない。またこの相互の褒貶がさまざまな紛糾を生んだであろうことも十分想像される。『軍鑑』においても、褒貶の仕方は一家の存亡にかかる重大な問題としてとりあげられている。『軍鑑』は時に、この褒貶に関し「ほめはするとも悪くは中間敷」とも教えるが、また「各傍輩の褒貶は侍衆嗜のもとなれば、行々予が戈さきの強くなる道理にて某は臆意は悦ぶ」という信玄の言葉をも伝えている。

相互の褒貶は武士社会においてこのように現実であり、したがって褒貶のモラルが

真剣な問題となっていた。ところで『軍鑑』における褒貶のモラルは、

「人間の背語《うわさ》、善悪の方便あるも、証拠さへ之あらば、申わくるに非之あるまじ、それを非とするは無理なり。」

である。ここにも「証拠」という言葉が使われている。ありのままの事実によるものであればよいというのである。毀誉褒貶には私的な感情が入り易い。感情をおさえて事実によることがそのモラルの根本であった。敵であれ味方であれ、あるいは仲悪しき人に対してであれ、事実に則し道理のままに批判することが、武士の褒貶の仕方であるというのである。

事実によらず私情による批判がいかに多く、また、かかる褒貶の姿勢を『軍鑑』がいかにあるべからざるものとしていたかということは、事実をゆがめて人を批判した武士を謀叛同然の罰として信玄が極刑に処したという記事が語っている。

「今度むかさ与一郎を逆心の科ほど申しつくる事は、彼のむかさ男は武士道不穿鑿の科なれば、以後又かやうのさたにては、よき侍をあしういひ、あしき侍をほめたてひいき〳〵の作法にては信玄が家の侍、大小共に善悪同事にて、よき武士も悉く勇なふして、第一は軍法みだりなるべし。軍法あしければ、晴信勝利を失

ふ事疑あるまじ。」

事実をまげた噂がひろがると、真実によい武士としからざる武士との区別がなくなる。区別がなくなるだけでなく、よからぬ武士が羽振をきかせ、よい武士がおちぶれ、よからぬ武士の気風が支配し、ひいては武田家の滅亡につながる、というのが謀叛同然の極刑に処した理由である。事実をまげた批判が横行し、事実に則する批判が容易になし難いものであったが故に、批判の仕方が重大な問題としてとり上げられたのである。

ありのままの自己を以て世に伍しうる武士のみが、ありのままの事実に則して他を批判することが出来る。実績だけでは、いかにも貧弱で、そのありのままの自己を以てしては、なんとも恥しく人前に立ちえぬ武士は、自分の手柄を針小棒大に偽り飾りたてる。あるいは他人の手柄をおとしめて、相対的に自己を飾ろうとする。

「よその家には、第一に武道をかざり候故、ばい頸を仕てもひいき〴〵に沙汰申して、くるしからず候事は、心に心をはぢずして、其者共、其後は必ず味方うちを仕るなり。其外、なき手柄をつくり、道理非のわけもなく、武士手柄のあさきふかき、せんさくもなく、よきひいきおほくもつ人を能と申す。如レ此よろづをさたしてゐりもとにつき、足もとのよわきをはやく捨（て）、強き方へ付、軽薄なる故、大将の被成し事をば、何たる悪しき儀をも能事かなとほむるは、其家の大将ぶせんさくにて如レ件。武道ぶせんさくなれば、それにつれ万事ぶせんさくなり。」

偽り飾る姿勢はとどまることを知らず、人のとった頸を買い求めて手柄の証拠とするにいたる。さらには、味方の首をとって手柄の証拠とするにいたる。しかも、かかる偽りごとを真実のごとく見せかけるには、仲間をつくり、互にその手柄を保証しあい、偽りの事実をつくり上げ真実として通用させる必要がある。仲間は有力者と結ぶのがもっとも有効であるから、ここから恩義をわすれて有力者への追従軽薄が生れる。ありのままたりえざる武士は、このように引いては恩義を忘れ、力あるものに追従し、仲間を語らい、事実によらず道理を無視して贔屓々々にものをいう悪徳におち入る。がありのままたりうる武士は、特に、敵をも仲悪しきものをも、事実のままに道理のままに、善きことは善きこととして誉めたたえる美徳をそなえる武士として現われてくる。

日本の武士社会には、敵をも愛せよという考え方は生れなかったが、敵をも敬えという思想は形成された。敵をも敬えということについては、他の機会に述べるのが適当であるが、ここにも連関がないわけではない。敬意を表すべきすぐれた武士に対しては、敵味方の区別なく敬意を表すべきなのである。『軍鑑』は「惣別、武士の取りあひに、よはき方よりかならずうそを申候」といい、あるいはまた「敵をそしるは必ず弓矢ちとよはき家にこの作法也。弓矢の儀、勿論つよき方、勝事十が八つなれ共、又弱きの勝つ事も是あるは、運次第なるをもつて也。さる程に弱き侍が、つよき武士に勝てば、必ず其の強き敵の大将を口きたなふ申しそしるなり。」という。敵を口ぎたなくそしることは、自らの弱さを敢て示すものである。ありのままの自己を以て、武士社会に伍して武士たりうるものは、他をおとしめることによって自己を立てる必要がない。だからありのままたる武士においてはじめて、尊敬すべき者を尊敬することが可能になる。

「弓矢の儀、唯敵味方共に賁《かざり》なく、ありやうに申しをくこそ武道なれ。」という理想は、ありのままたりうる武士によってはじめてなされうるのである。

ありのままの自己を以て武士社会に伍しうるものはまた、己の手柄をほこることがない。自慢は偽り飾りにつながり、「ほこらぬ意地」こそ「武士の本意」である。もっとも、過言と威言とはことなる。事実をほこる威言は、無いことを偽り飾る過言とは同じでなく、「申してさのみ不苦」とはいわれる。しかし、ありのままに徹した武士は、まさにありのままの自己を以て立つ。何も語らない。否むしろ、真にすぐれた武士は、「我心に先づ等分に思はねば、我と我身を穿鑿仕り、是は誉にも有るまじと、」自慢しないだけでなく、ひたすら自己をみがきたてることにつとめる。やはり「ほこらぬ意地」が「武士の本意」なのである。

偽り飾る武士を、『軍鑑』は女人に相似たる侍といった。「責は女人或は町人の法也」、「かたはし聞いて我贔屓の者を虚空によきとばかり批判すること、女にあひにたる侍」、「証拠もなき事に、我と我身に理を付くる、是皆女人の仕方」、「穿鑿なしに、むさと我ひいきをほむる女侍」等々、『軍鑑』における女侍批判は多い。が、特に興味をひくのは、女人がその容貌の美醜をほめそしりあうその仕方の批判である。『軍鑑』は女の美醜を四段に区別する。第一は「勝れてみめのよき女」、第二は「中の女」、第三は「みめのあしき女」、「此外はかたわ也」であるという。ところでこの「中の女」は、「我よりましのみめをば、よその美人を引きかけ悪しく取りなす」。つまりこの「中の女」は、美人をみると、本人は美人のつもりかもしれないけれども、誰々に較べればまったく見おとりがするといった仕方でけなしにかかる。「そねむ」とはまさにこのような態度であるという。またこの女は、自分よりも少しでも容色がおとると見る者に対しては「散々手くぼに会釈《あひしら》ひ、かさをかけてあしふいふ」。『軍鑑』は「いやしむ」とはまさにかかる態度を指すものであるという。女に似たる武士の褒貶の仕方は、女同志のこの「そねむ」・「いやしむ」と同質であるというのである。ところでこの「そねむ」・「いやしむ」「女のわざ」に対して、『軍鑑』が「男のわざ」として教えるのは「そしり」・「けすす」である。「そしる」とは大剛の兵が、彼につづく「中の男」に対する態度として説かれる。つまり「中の男」に型の如く手柄がある場合、聶屓の者があつまって、これを「上の男」よりましな手柄といいふらす場合の「上の男」の態度として説かれる。彼はまず「中の男」の手柄がいかほどのものであったかを「中の男」の知人部下などに語らせてきく。彼はまず慎重に事実をたしかめようとする。十分慎重に事実をたしかめた上、自分の手柄におとるものであることが明らかになれば、彼は「我むねにあて」これほどの手柄は武士ならば誰でもするものである、という。このような批判の仕方が「そしる」である。また「けすす」とは、人並の武士が、少々の手柄をたてて、大剛の兵並の手柄をたてたように自慢する時、あれほどのことを大きな手柄と思うのかと笑うことであるという。

武士のあるべき「男のわざ」は「ただ敵味方なくありように申しおく」ことであり、敬すべきは敬し批判すべきは批判することである。ここで特に注目しておきたいのは批判すべきを批判する「男のわざ」である。「男のわざ」は「大剛の兵」のあり方として語られている。「男のわざ」は自己の「覚」を自負する者によってなされるのである。自負する者はまず冷静に事実をみきわめようとする。また自負するところある故に、その自分を批判の規準に持ち出す。自負するところある故に、他者をおとしめ相対的に自らを高める必要がない。また自慢し、自己を誇示することもしない。だから、劣れる者に対してもいたけだかにならない。しかし、劣等感をもち、ありのままの自己では、おくれをみとめざるを得ない者は、「我よりましな眉目」なる他者の力をかりて相手をおとしめ、相対的に己を浮び上がらせようとする。あるいは劣等感のうらがえしとして、少しでも自分より劣る者に対しては、ここぞとばかりに自分の優位を示そうとする。

以上の「女わざ」と「男わざ」との議論はよく『軍鑑』の「褒貶の仕方」を要約したものである。先にとりあげた敵の謀略をめぐる理解とこの要約を本として『軍鑑』

における「ありのまま」を理解すれば、ありのままたりうることとは、まず覚ある者、自負するところある者においてのみ可能であるということである。自負するところあるが故に、人前を飾ることなくありのままたりうるのである。またありのままたりうる者は、他の力をかりず己独り立ち、追従軽薄附和雷同と縁がなく、事実を見極め、尊敬すべきを尊敬し、己より劣る者に対してもことさらに己の優位を示すことがない。また自慢して自己を宣伝することもない。

『軍鑑』は武士を次の四段階に分ける。第一は「剛強にて分別才覚ある男」で上の武士である。百人中二人ほどしか見当らぬ兵《つわもの》の中の兵である。次が「剛にして機のきいたる男」で中の武士、百人中六人、第三が「武辺の手柄を望み一道にすく男」で下の武士、百人中の十二人、第四は「人並の男」で百人中八十人である。ところで、中の武士は「上の人に負けまじと」馳り廻る武士であり、下の武士は、上中の人に目をつけて、そのあとを「つきそひまはる者」と説明される。これに対して兵の中の兵といわれる上の武士は、平生にても戦場においても、自分の働きを自分の分別・自分の才覚をもってする武士、独立独歩の武士、さらに「人にも一円構はぬ者」であるといわれる。兵の中の兵は独立独歩、他に負けまじと他と競う意識をこえ、しかもよく、他を圧する働きをする武士である。嘗て朝倉宗滴が「内の者にあなどらるると、主人心持出来候はば、はや我心狂乱したるよとさとるべし。」とのべたように、武将の中の武将・兵の中の兵は、「人にも一円構はぬ」ただありのままの自己を以て立つのであった。ありのままたる武士は、実力に自負するところあり他と競わず、独立独歩する武士である。ありのままは優越を自負する者の姿勢である。

6　いいわけの否定

飾る武士は贔屓仲間の力をかりて偽りの事実をつくり上げるということを先にのべた。真の事実でない偽りの事実は、贔屓々々に物をいう、多勢の口によって創り上げられるものである。このようにみてくると言葉は真相をおおいかくす否定的な役割をはたすものであるにすぎない。多勢によってまことしやかにはかれる言葉は世の中を一種の暴力として支配するものといわざるをえない。

事情は少しくことなるが「人の口論と、はりあひには、坊主も座頭も雑人も侍も力次第口次第或は贔屓次第に勝負はあり」という理解はこの多勢の口の暴力を示すものである。

今武士と坊主とが争ったとする。武士は坊主に——坊主の人数がいかに多かろうと——負けるはずはない。しかし、腕力と口で争う限り、多勢の前に武士も圧倒される。武士は負けられないから最後には「ぶつきるより外の儀はなし」と刀を抜く。刀を抜けば、生命をおしむ坊主たちはくもの子をちらすように逃げ散る。最後には、このようにして彼我の優劣の真相は明らかになるが、多勢の口、言葉はここでも真相をおおいかくすものでしかない。

このように、言葉が真相をおおいかくすものと理解されるところにおいては、嘗て自分の行った行為を言葉で説明すること、つまり「理《ことわり》をいう」こと、いいわけをすることは武士としてあるまじきことと理解されてくる。勿論はっきりとした証拠がある時、証拠をあげて身のあかしをすることはよい。だが証拠とすべき明確な事実をあげえぬ時、いかに誤解されても、武士として言葉を以て弁明すべきではない。言葉に偽り飾る働をみる世界において、証拠のない弁明は、偽り飾る行為につながる。本人に偽り飾る意志がなくても、偽りでないという証拠はない。証拠がないから弁明を偽りでないというなにものもない。名を重んずる武士にとって、偽り飾る武士であるという汚名はたえがたいことである。かくて弁明・いいわけは武士のなすべきことではない。弁明いいわけをしないことが、まさにありのままに生きる武士の生き方なのである。

　証拠のない弁明をいいわけとして否定した武士は、常に簡明な事実を求める。死をおそれぬ兵であるという名を求める武士は、文句のない事実、例えば一番槍を求める。この点はまた後論でふれるが、いかに自分は臆病でないと主観的に思っても、また主張しても、事実がともなわなければ、いいわけにすぎない。いまだ何の誇るべき手柄もなく、おれでもということは、徒らに広言過言する武士、あすなろう武士として軽蔑される。あるいは喧嘩口論において優劣がつけがたく、後日、言葉の上で不利になるかもしれぬ場合、武士は先にも云うごとく、黒白をはっきりとした事実を以て示すべく「ぶつきるより外の儀はなし」と刀を抜くのであった。ただ、証拠のない弁明を否定する武士の世界において、創意工夫が生れ難かったことも指摘しておかなくてはならない。卑近な例であるが、使いに出た者が急々の用事とて常ならぬ近道をえらび事故にあい、意図とは逆に怠慢の非難をうけたとする。この場合、彼の内面は事実を以てあかしだてることが出来ない。事実は、常ならぬ道をとり常よりも日時を要したということである。ここにおいて、常ならぬ道をえらぶなという教がうまれてもくる（『武道初心集』）。

私は先に、ありのままたりうる武士は、客観的世界の事実を重んずる、ことの真相をみる目をもつとのべたが、実はありのままたること自体が、自己のこしかた行って来た事実を偽り飾ることなくそのままに、それが自分であるとして世に立つ姿勢を意味する。客観的事実としての自己の外に自己を認めず、よくもわるくも自己の価値はこの事実において評価さるべきであるとするのが、ありのままを尊重する精神におけるもっとも注目すべき姿勢である。事態の真相をありのままに捉えることも、他者を事実に即して客観的に評価することも、このありのままたる武士においてはじめてなしうるところなのである。なお、すでにのべたように、このありのままには自負が支えになっていることを忘れてはならない。

ところで、いいわけを否定する武士の姿勢はきびしい。このきびしさが悲劇として西鶴の筆によって語られた『武道伝来記』の一節「不断に心懸の早馬」を紹介しておこう。所は佐渡、椿井民部という三千石の侍が、主君のお召しがあったので早馬で登城の途次、とある四角を廻った時、綱島判右衛門という三百石の侍に行違った。その時民部は「判右衛門殿御ゆるされませい、鐙をはづしました」と詞をかけて、通りすぎた。鐙をはずし、ことわりをいうのが馬上の武士の礼儀であり、民部はその礼儀をふんだのであった。ところが「この断りを判右衛門聞届けぬこそ是非なけれ」。民部の詞は判右衛門の耳にとどかなかった。詞を耳にしなかった判右衛門にしてみれば民部の態度は、己を軽卒と見くびった無礼な態度であり、面目を重んずる一個の武士として「堪忍」成りがたいものであった。堪忍なりがたしと心をきめた判右衛門は、民部に対して真剣で勝負することを申し入れた。判右衛門に思いとどまるよう忠告するものもあったが、判右衛門にとって「民部礼儀あつたにもせよ此方の聞ぬからは是非もなき仕合なり。」であった。判右衛門にとって挨拶をうけた事実は存在しなかった。挨拶をうけた事実のないところ、判右衛門としては堪忍なりがたかった。

ところで、血闘の申し入れをうけた民部は「鐙をはづし謙退の辞を正しく懸申つれ共、今更に此断《ことわり》は申さぬ」。お申し入れの通り明晩出合い「太刀先の御所存其意を得候」と返答した。西鶴はこの民部を「神妙のいたり」「いさぎよ（き）」返答と称賛しておかない。血闘は主君の介入によって一時は中止された。しかし西鶴に云わせれば〝武士の義理〟が、彼らに血闘を思いとどまらせなかった。二人は家族をともない、主君のもとを辞し江戸に移り、互に何の遺恨もなく交り、両家の婚姻をもとりきめた上、やおら「ひだりの手に手を組合南無といふ声をあひづに切付露ものこらぬ心の魂其まゝ同じ煙となしける」。――ここでは、この後半は関係がない。問題は、「今更に此断は申さぬ」という神妙ないさぎよい態度である。民部は挨拶をした。しかし相手が聞かぬという限り挨拶をしたということを証拠だてるものはない。この時、挨拶をしたと主張することは、ただ、命を惜しむ武士として己を印象づける以外のなにものもない。事実において、挨拶をしておりながらいいわけをしないのは、〝命を惜しむ武士〟となることをきらうからである。判右衛門にしても、堪忍すればことはすむのである。しかし、挨拶をうけた事実がないところに堪忍することは、武士の生命たる面目を犯されても堪忍する、〝命を惜しむ武士〟となることである。命よりも名をおしむ武士二人は、主君の仲裁をも無視して死につかれたごとく死んで行くのであった。西鶴の筆によってえがかれたこの一篇の悲劇は、事実を重んじ、いいわけをいさぎよしとしない〝武士〟をたくみに捉えたものである。

事実性を重んじ、いいわけをいさぎよしとしない精神は、ありのままの己を以て世に立つ精神である。ありのままに生きるとは、行為的に客観的に表現された自己を自己のすべてとして引きうけて立つことである。表現された自己の外に内面的な自己の存在を認めない。勿論、外的な形のみを問題として、内面的な努力が武士には全然なかったというのではない。したがって、より正しくいえば、武士には内外の区別が存在せず、内外一体的な理解が働いていたというべきであろう。内外一体の理解をふまえるが故に、表現された自己は、本当の自己でない、本当の自己はもっとすばらしいなどということはできない。いいわけにすぎない。

本章のはじめにとりあげた一斎の「口ヲ以テ己ノ行ヲ謗ルコト勿レ」も、すでにのべたところであるが、このありのままを重んずる精神の中に位置するものである。ところでこの一斎の言葉には、悔い改めはいかにしてなさるべきかということはとかれていない。勿論、一斎にも「人ハ恥ナカルベカラズ、又悔ナカルベカラズ」の言葉がある。しかしこの口を以て云々の一文は、その悔い改め方ではなく、他者からの批判は、にげかくれなく堂々とうけとむべきであるという姿勢を教えるもののごとくである。口を以て己を謗ることは、やはり一種変形した飾りというべきであろう。飾りは女子供のすることであり、武士のなすべきことではないのである。

他者からの批判のうけとめ方について、一斎と近い時代の一、二の事例をあげてさらに考えてみよう。

吉田松陰は、死刑の宣告をうけた後、彼の死に臨む姿勢を『留魂録』に書きとめた。彼によれば人生には春夏秋冬の四季があり、二十歳で早逝する者も彼なりの四季の一めぐりをおえている。五十・百で死ぬ者も、またその人なりの四季の一めぐりを生きた者である。松陰は三十歳にして今死に臨んでいる。しかし、自分の一生もまた四季の一めぐりを経て、今その一めぐりを終ろうとしているのである。このように考える時、松陰の心にある「安心」がうまれてきた。『留魂録』において、かかる安心をのべた一節に、彼は「義卿三十、四時已に備はる、亦秀で実る、其の秕《しいな》たると其の粟たると吾が知る所に非ず。若し同志の士其の微衷を憐み継紹する人あらば、云々」とのべている。この「其の秕たると其の粟たると吾が知る所に非ず。」という姿勢がここでは注目される。この姿勢は一斎の右の箴言につながるものではないであろうか。

あるいは又、『瘠我慢の説』によって福沢諭吉にその行動が批判され、福沢から私信で事実相違の有無を問い合わされた勝海舟は、私信を以て福沢に対し、

「従古当路者古今一世之人物にあらざれば、衆賢之批評に当る者あらず。（中

略）……行蔵は我に存す、毀誉は他人の主張、我に与からず我に関せずと存候。各人え御示御座候とも毛頭異存無之候。」

と答えている。松陰も海舟も、評価批判は他人のなすことであり、他者の批判の前に逃げかくれはしないという姿勢を持している。まさにありのままたる理想を己のものとして生きた武士の具体的な事例といえよう。

だが、この二つを武士がありのままを尊重した事例と理解する時、われわれは、武士のありのままの尊重について、一つの問題を感ずる。すなわち、右にあげた言葉のなかには、松陰においても、海舟においても、自己批判のひびきがないと私は思う。もっとも、松陰にも海舟にも、人間は有限であり十全たりえないという理解は流れているが、二人ともその有限性の上にすわりこんでいる感がある。不十分さにおいては他者の裁きをうけようというのであって、自らどうしようというのではない。刑死を直前にした松陰にあってはともかく、海舟にあっては、この感が深い。が、海舟のこの姿勢を問題にすれば、松陰の姿勢もやはり問題になる。いうなれば彼等は俯仰天地に恥じぬのである。誠実に生きたという自負があり、この自負あるが故に、人の批判を逃げかくれなくうけようという、ありのままの姿勢をもとり得たのではないであろうか。

ところで、かかる自負のあるところ、他者の批判は彼に何を与え、彼はこれにいかに応ずるのであろうか。「毀誉は他人の主張、我に与からず我に関せずと存候」という海舟は、少なくとも外からみれば、批判の外に超然としているのではないであろうか。彼はただ、他者——社会——天の裁きのままに身をゆだねるという態度をとるのではあるまいか。彼自らは、何らの言動をもその批判への反応としては現わさないのではあるまいか。事実、海舟はそのように生きたのではあるまいか。

この推論の確かならしめるためには、多くのことを、特に自負の性格・天の理解についで考察しなければならないが、問題が余りにも拡がりすぎるから、ここでは割愛する。ただ一言、松陰や海舟らが、至誠に生きることを倫理の根本としていたこと、また近世においては誠が、『中庸』の「誠ハ天ノ道ナリ、之ヲ誠ニスルハ人ノ道ナリ。」などを典拠として説かれていたことを指摘しておく。さらにまた、より根本的な問題としては近世の日本人は、人間が至誠に生きようとすれば、至誠たりうる可能性を信じていたということを指摘しておくべきであろう。俯仰天地に恥じぬという自負もここから生れえたのである。

さて、ありのままの姿勢が、一面においてかかる自負にささえられたものであったとすれば、また、他者の批判に対しては表面的には超然とした姿勢としてあらわれるものであるとすれば、ありのままたらんとする姿勢は、外からは傲慢としてうけとられることにもなろう。勿論、本来ありのままの姿勢は、きびしい自己規正をふまえるものであり、外からの裁きに身をゆだねるものであり、この意味においては、傲慢であるよりもむしろ謙虚である。だがやはり、この姿勢を支える自負において、傲慢といえばやはり傲慢である。キリスト者内村鑑三が、父を入信に導いたことを叙するくだりに（『余はいかにしてキリスト信徒となりしか』）、「男性的で武人的であった」父、「社会道徳に関する限りでは彼は一個の義人であり、そしてかかる人の常として救いの必要を痛感するということがなかった」父が、ついに「せがれよ、今までわしは高慢な人間だった。今日からはわしもきっとイエスの弟子になるよ」と涙にぬれて語ったとのべている。キリスト者の眼よりすれば、ありのままをよしとする武人的男性的姿勢を支えるものは、人間の高慢であった。

キリスト者からみれば、この武士的男性的姿勢はたしかに傲慢である。しかし、武士的男性的な姿勢は、ただ超越者との出会いをまって克服されるべきものであろうか。きびしい自己規正と、天の裁きをまつ姿勢、いわば人事を尽くして天命をまつ生き方に、今日何らの可能性をも見出しえないであろうか。このことはただちに、ありのままをよしとするところのものに対する今日の評価につながる。

なお武士が傲慢であるという批判は一般にしばしばなされるところである。今その一例として堀景山の『不尽言』をあげれば、景山は、「日本ノ武家ノ風」には敵に勝つ術をことゝする「軍学ヲ以テ吾道也ト心得」るものあり、ここから「只モノ人ニ卑《ひ》下《け》ヲトラジトシ、何事ニテモ人ニ勝ツコトヲ専トスル」こととなり「威光ト格式」をたのみ、「スベテ人ニ智恵ヲツケラレタ事ヲソノトホリニ受テ用ヒ、自分ヲ仕損アヤマツテ改メナホスコトヲ、人ノ卑下恥辱ト」思い込み、「現在ニ悪ルフテモ我ヲ立トホスヤウニ、皆人ノ心ガナレル云々」という。具体的にいえば諫言を恥として聴き容れないというのである。勿論、かかる武士の風は、一斎や松陰・海舟がえがく武士の理想像ではないけれども、彼らの生き方もまた、外からはこのようにうけとられるであろうし、またしばしば、堕落すれば、まさにこのようなものとしての「我慢気儘」となって現われるであろう。一斎らがえがいたありのままをよしとする姿勢は、堕落すればかかる「我慢気儘」となる武士の精神をその世界のうちにとどまりつつ倫理的に高い次元に昇華したものといえよう。

しかしこのありのままが、われわれが対決すべき基本問題であることにはかわりがない。

二、名と恥

1 鎌倉武士と名

本章では名を重んじ、恥を知る武士について語ろう。恥といえば『菊と刀』が西欧文化を罪の文化とし、日本のそれを恥の文化としたことが思い出される。ベネディクトはさらに恥を知る精神を「外的強制力にもとづいて善行を行う」精神と理解した。この外国の一研究者の表面的な理解を、そのまま日本人の姿としてうけとる日本人が多いことには、そのすなおさに驚くほかはない。われわれ日本人には悪口を云われてよろこぶ自虐趣味があるのであろうか。

たしかに、恥を問題とする姿勢は、しばしば「外的強制力にもとづいて善行を行う」底の形をとってあらわれる。しかしそれは恥の堕落形態である。恥にはこのような形への堕落の可能性がたしかにある。しかしそれは恥本来の姿ではない。罪の文化はこれをその理想の形態において捉え、恥の文化はこれをその堕落形態において捉え、両者の比較をこころみるなどということは、余りにもナンセンスである。明治の内村鑑三がキリスト教国アメリカを批判する時に「われわれは他をさばくにあたって公正で寛大でありたい。われわれは敵の最善最強のものと相対したいと思う。」(『余はいかにしてキリスト信徒となりしか』)と語った。ベネディクトにはこの公正がない。われわれは、彼とともに我の最強最善なるものをまず理解すべきではなかろうか。

本論にはいろう。名を追求する姿勢と恥を知る姿勢とは根底において別のものではない。私の関心は、両者の根底にある、両者に通ずる精神構造の解明である。しかし、名がおおらかに「名こそおしけれ」と求められたのは鎌倉時代であり、「人知ラズシテ慍ラズ、マタ君子ナラズヤ」(『論語』)という儒教的教養が浸透した江戸時代においては、鎌倉武士のような名の追求のおおらかさはなかった。そして名の代りに「廉恥」を重んずべきことが説かれた。この変化は、勿論儒教的教養の浸透のみを以て理解されるものではない。戦乱の時代から、所謂太平な時代への移行、戦闘員から為政者・人倫の指導者への武士の社会的性格の移行、さらにはこれらと連関して、武士社会における武勇よりより道義的徳性への関心の移行などが考えられる。しかし、先にのべたように、名と恥とは本質的に別のものでなく、廉恥を重んじたのは、一個の武士としてのその名を惜んだことにおいて変りはない。

ここでは、鎌倉武士がいかにその名を重んじ、名の追求がいかに彼らの生活の中核に位置していたかについて述べることからはじめよう。

さて人間だれしも経済的よりどころがなくては生きてゆけないし、経済的繁栄も人間の願うところである。鎌倉武士もその例外ではなく、主君の恩顧恩賞によって生活を維持した。この観点から彼らの形成した主従関係は、一見奉公と恩賞との経済的交換の関係のごとく理解されてくる。さまざまの史料が彼らの主従関係が経済的関係であることを証明するように思われる。ここからさらにまた、彼らの名の追求も、実は経済的繁栄の追求に還元さるべきものであるという理解が生れてくる。——しかし、私はこのような理解に賛成することが出来ない。勿論、現実的には、主従関係を経済的交換関係の場として生きた数多くの武士が存在していたであろう。私の問題とするのは、そのような生き方が、鎌倉武士の社会において正当な武士の生き方として是認されていたかどうかということである。

保元の乱に源義朝は敗北した。そして義朝の乙若以下の幼い弟達四人も探し出されて殺された。その時、この幼い弟達にそれぞれ供っていた四人の傅《めのと》たちも、腹かききって主のあとをおった。常にそばちかく仕えていた奉公人たちもさしちがえて主のあとをおった。ところで、『保元物語』が、この傅の一人のいいのこした言葉として伝えるものは次のようなものであった。

「此君を手なれ奉りしより後、一日片時もはなれまゐらする事なし。我身の年のつもる事をば思はず、はやく人とならせ給へかしと、明暮思ひてそだてまゐらせ、月日のごとくにあふぎつるに、只今かかる目を見る事の心うさよ。常は我膝の上にゐ給ひて、髭《ひげ》をなでて、いつか人となりて、国をも庄をも儲て、汝にしらせんずらんと宣ひしものを。うたたねの寝覚にも、内記々々とよぶ御声、耳のそこにとどまり、只今の御姿まぼろしにかげろへば、更にわするべしともおぼえず。是より帰て命いきたらば、千万年経べきかや。死出の山、三途の河をば、誰かは介錯申べき。おそろしくおぼしめさんに付ても、先我をこそ尋給はめ。いきて思ふもくるしきに、主の御供仕らん。」

奉公人もまた「をさなくおはしましかども、情ふかくおはしつるものを、今は誰か主にたのむべき」といいのこして死んでいった。幼君と傅たちとの間の情的結合が悲劇のなかに極限にまで高まった姿に、われわれも一読、胸うたれる思いがする。『保元物語』の作者も「これら六人が志、類なしとぞ申ける。同く死する道なれども、合戦の場に出て、主君と共に討死をし、腹をきるは常の習なれども、かゝるためしは未だなしとて、ほめぬ人こそなかりけれ」とたたえている。作者もかかる事例は異例のことと認めている。

しかしその異例は、「常の習」が、さらに極限にまで高まった時におし出された異例である。だから「ほめぬ人こそなかりけれ」と絶讃される。実際の武士の社会に、主従のかかるこまやかな張りつめた情的結合が存在しない場合にもなお、このような文章が創作され、また人々に愛読されうるものであろうか。この文章に語られたものと質的にかようものが、実際に——少なくともかくあるべきであるという要請として——生きていたからこそ、またこの文章も生れえたのである。勿論、落目の主をすてて「心がはり」する「二心」ある武士もいた。しかし、かの傅たちが「ほめぬ人こそなかりけれ」と絶讃されたのに対して、「二心」は「弓矢の疵」であり「当家の恥辱」であった。武士といえども生命への執着はある。また己の、さらには一門一家の繁栄を思わないではない。だから、没落して行く主君に従うことは、自己一門の生活を破滅に導くことを意識する。一方では、自己及び一門の生活を思い、一方において主君とのつながりに引かれる。そして或る者は生活をとり、またある者は主従のつながりに生きる。「恥ある者は討死し、強顔《つれなき》者は落ぞ行く」（『平家物語』）ことになる。右せんか左せんかと、武士はこのところに決断をせまられる。思い切ることが求められるのである。当時の文献には、「今度の合戦を以て、生涯の吉凶を量る」・「佳運を開く」・「運の縮るところ」・「宿運尽きたる」・「運を天にまかす」等々、武士が己の運命をみつめていたことを語っている。

さらにまた「双なき名将勇士と云へども、運命尽ぬれば、力及ばず、されど名こそ惜しけれ。東国の者共に弱気見ゆな。いつの為に命をば惜むべき。唯是のみぞ思ふ事」（『平家物語』）ともいう。己の運命を見つめる武士は、時に「今は何をか期すべき」と「生涯の運を思い切る」時があった。思い切ることのない武士は最後の最後までわるあがきをする。だが、武士らしい武士には、今生にかけた期待を思い切る時があった。思い切ったその時、その武士は、武士にとってただこれだけはというもっとも大切なものだけを大事にした。それは名であった。今生の願望を思い切った武士は、ただ純粋に武士らしい武士であったという名をのみ惜しみ、主君に殉じ主の馬前に討死をするのであった。

子孫が生き残ることが予想される時、彼の死は、子孫の繁栄を期待しての死という側面をもつかもしれない。しかし武士にとって、時に、己の繁栄も子孫の繁栄をも思い切るべき時があった。「坂東武者の習、大将軍の前にては、親死に子討るれども顧みず、弥が上にも死に重なつて戦ふとぞ聞く」（『保元物語』）のように、子孫の繁栄をもふくめて、すべての願望を思い切って名のみを惜しむ武士があった。名は、すべてのものを思い切っても、これだけは思い切ることの出来ないもの、もっとも大切なものなのであった。

死をさけえないものとみる時、世俗的願望を思い切るのは余りにも当然のことであるという理屈もなりたとう。しかし思い切るのは決断であり、二心であることを許しさえすればなお繁栄への道をえらびうる時に、敢て繁栄への道を思い切るという思い切りもある。「旧好を重ずるに依り、只死を致さんことを乞ふ」、「譜代の好を存ずるの間、終に平家の威権に随はず」（『吾妻鏡』）などは、繁栄をも願う武士が、また繁栄への道が残されている武士が、敢て繁栄を思い切り、死への道をえらんだことを語っている。この思い切りは、明らかにもっとも大切なものはすてられないとする思い切りである。

私の記憶に強く残る『吾妻鏡』の二つの記事がある。それはともに二人の武士が、恩賞裁定の場において、ともども先陣の功績を主張してゆずらなかった記事である。一方の武士はすでに他の戦場における先陣の功がみとめられていたが故に、内々、この戦場における先陣の功は他に譲るように、もしそのようにすれば、破格の恩賞を与えるであろうと云われていた。しかし彼は「勇士の戦場に向ふは先登を以て本意と為す。忠綱苟くも家業を継ぎ、弓馬に携わる。何箇度と雖も蓋ぞ先登に進まざらんや。一旦の賞に耽り万代の名を黷すべからず」といいはった。もう一つの記事も状況は同じである。そしてまたここでも、「縦ひ万賞に預らずと雖も、此論に至りては承伏す可からず」といい切っている。物質的恩賞は願わしい。しかし、ここにおいて恩賞は二の次であり、たとえこのように主張することにおいて、恩賞を棒にふっても先陣の功名だけは譲れないというのである。鎌倉武士がいかに名を重んじ、名を重んずる武士が、いかに武士らしい武士として讃美されていたかということを、この記事もまた端的に語っているのである。

鎌倉武士が名を惜んだということを述べていささか紙面をとりすぎたかもしれない。だが、彼らが現世的繁栄をのぞみつつも、なおそれ以上に名を惜んだということを、私は読者にはっきりと印象づけたかったのである。名は、「朽もせぬ空き名のみ留め置き骸は越路の朱の塵と成るこそ悲しけれ。」(『平家物語』)のように、時に「空しき名」といわれた。「空しき名」とは現世的繁栄をともなわぬ名の意味である。あるいは「弓矢取身は我も人も死の後の名こそ惜けれ」(『源平盛衰記』)と時に「死後の名」と呼ばれた。武士の求めた名には本来このような性格があった。勿論、生きて名をえ、その名が現世的繁栄をともなうことを否定するものではない。生存して、名の客体的表現としての恩賞をえて現世的に繁栄すること、それが武士の出来うればと願うところであったことはいうまでもない。

ところで、このように考えてくると、武士の名を求める姿勢について、もう一つさらに説明をつけ加えておく必要がでてくる。

まず具体的な事例からのべよう。『保元物語』の鎮西八郎為朝、『平治物語』の悪源太義平は、ともに彼らを勇戦させるべく公家があらかじめ官位を与えようとした申し出を拒否した。物語はそれぞれ彼らに「為朝の今日、蔵人と呼ばれても何かせん、只本の鎮西八郎に候はん。」、「みえたる事もなきに、かねてなりて何かし候べき。たゞ義平は、東国にて兵どもによび付られて候へば、もとの悪源太にて候はん。」と答えさせている。ここには公家時代から武家時代への転換期における新しい人間像の出現、公家に対する武士らしい武士の出現が語られている。つまり公家が名誉とする官位に対してこの新しい人間たる武士たちは恬淡であった。が、彼らとて官位に完く無関心であるのではない。新しい人間として出現した武士の特色は、官位の名誉性を否定することではなく、むしろ、実質的な武勇の働きがあって、その名の客体的表現として、官位を得ることを求めるところにあるといえよう。「みえたる事もなきに、かねてなりて何かし候べき」という一句が語るように実質をふまえない、したがって単に形骸にすぎない現世的名誉を武士は拒否したというべきであろう。『武士道の思想とその周辺』において、かつて古川哲史氏が「同じ名にしても、公家と武家とでは、形式的と実質的、現世的と永遠的というような相違が区別されるのである。」とされたことは、このように理解してくると極めて適切な指摘となる。時代が下るが『甲陽軍鑑』において、証拠もなき、覚えもなき名を思うことが批判されているが、名を求めるには、名にあたいする実質がまずふまえられなければならないとする、名を求める武士にあるべき姿勢は、すでに鎌倉武士において形成されていたというべきである。後に考察するように、武士の名を惜しむ精神の構造の理解をこころみる時、この名を求めるあるべきあり方の自覚は、われわれにその理解の重要な手がかりを与えるものである。

2　名と主従関係

武士の強烈な名の追求を理解する時、これと、彼らの主従の道徳との関係を問題にしないわけにはいかない。武士の主従の道徳は型通りにいえば主君への没我的献身であった。それはすべての私の否定を内容とするものであった。しかし、名はあくまでも一個の武人としての名であり、それはいわば私の名の追求であった。名を追求する姿勢と主君への没我的献身とは、このように考えてくると矛盾してくる。〝このように考えると〟といえば、本来両者は矛盾するものではないがという意味にとられるかもしれないが、私は両者は本来このように矛盾するものであったといいたい。

時代は下るが「武士道といふは死ぬ事と見付けたり」で有名な『葉隠』においてこのことを少しく考えてみよう。『葉隠』が主君へのいわゆる没我的献身を説くであろうということは、『葉隠』という書名を知る読者がひとしく予想されるところであろう。たしかに『葉隠』は徹底した主君への没我的献身を説いてやまない。『葉隠』の忠節・奉公は、主従の契《ちぎ》りの深さを感ずる心からほどばしり出るものであった。主従の契りは「馴染深き御譜代の御深恩」・「荷ないきらぬ御恩」と捉えられ、それは、この御恩に気のつくほどにその重さをひしひしと感じないではおられないもの、骨骸に徹すれば感激に涙あふれ、なにとかその主君の御用にたち、この御恩に報じないではおられないと忍びがたく思わせるものであった。葉隠武士にとって、かかる主従の契りは人生のすべてであり、「主従の契より外には何もいらぬことなり」、「武士は主を思ふより外のことはなし」ともいい切られていた。しからばその奉公の仕方はといえば、ただ「一向に主人を大切に歎くまでなり」、「何もかも、根からぐわらりと主人に打ち任すれば済むものなり」であった。『葉隠』は、この奉公人の「心入れ」を「恋の心入れ」のようなものだという。恋も常のそれではなく「忍恋」の心入れであるという。

「――恋の心入れの様なる事なり。情なくつらきほど、思ひを増すなり。偶にも逢ふ時は、命も捨つる心になる、忍恋などこそよき手本なれ。一生言ひ出す事もなく、思ひ死する心入れは深き事なり。」

『葉隠』が主君に対する武士の心情の純粋性をいかに徹底的に追求していたかという

ことは、もはや説明する必要があるまい。この純粋性の追求はまた無私性の追求ともおきかえられる。『葉隠』が平時の忠節奉公の最高のものとするのは諫言であるが、「諫と言ふ詞はや私なり」であった。

しかし、この『葉隠』においても依然、一個の武士としての「名」は問題にされている。忍ぶ恋を恋の至極とする『葉隠』において、すべてが主従関係に埋没するかと思われるがそうではなかった。例えば降参ということは「謀にても君のためにても、武士のせざることなり」と『葉隠』はいう。もっとも、ここには「忠臣はかくのごとくあるべきなり、」という文章がつづいている。あくまでも主君に対する奉公人として武士を捉えようとする姿勢がここにもある。しかし、降参といえど主君の為ならばするというのとは異なる。ここには、あくまでも一個の独立した武士の存在が理解されており、主従関係はそれをも包摂するものとして捉えるべく拡張されている。主従関係をここまで強引に拡張しないではおかなかったということは、それなりに注目すべき問題であるが、しかしここでは、いわゆる主従関係をはみ出すものが、武士の生き方、あるべきあり方の中にあったということである。「武士道といふは、死ぬ事と見付けたり。」という文は「二つ〳〵の場にて早く死ぬかたに片付くばかりなり。」とつづき、また「図にはづれて死にたらば犬死気違なり。恥にはならず。これが武道に丈夫なり。」とつづいている。この恥は内容的には生命への執着である。その場は奉公の場であれ、本来奉公に反する私的な喧嘩の場であれ、ともかく生命に執着することが恥である。主従関係に必ずしも包摂され切れない一個の武士、恥はこの一個の武士としての問題である。

『甲陽軍鑑』にも、同じ問題を指摘することが出来る。それは喧嘩両成敗の掟を批判するくだりである。喧嘩両成敗の掟があろうとも、「男道のきつかけ」をはずしてまでこの掟を守るつもりはない。この掟は悪法である、というのがその趣旨である。長くなるがそのくだりを引用すれば次の通りである。

「尤も喧嘩なき様にとの義、理非を不レ論、両方御成敗に付ては、相違有まじく候、さりながら御用に可レ立者は、老若によらず、たがひの義をば堪忍仕るべし、但不足をあたへられてもおめ〱と堪忍仕るほどの者は、さのみ御用にも立つまじく候、左候て諸人まろくなり何をも堪忍いたせと、上意においては、いかにもぶじにはみへ申すべく候、雖レ然、それは大なる上の御損なり、其故は法をおもんじ奉り何事も無事にとばかりならば、諸侍男道のきつかけをはづし、みな不足を堪忍仕る臆病者になり候はん。又男のきつかけをはづすまじきとて、男を立候はば、其身の疵になる儀をあらため候べし、其改むるをば、はやかどがちなりとて、法度をそむくに罷り成りさだめて御成敗か不然ば国をおはるゝかにて候べし、然らば則ちよき侍一人もなうして信玄公の御鋒は悉くよはかるべき義、眼前に候、就中侍大将も武道きつかけの意旨をはづしなば、武士の道すたり、上の御ためあしう候。（略）ケ様に、他国にても、弓矢のたしなみ専らなる所に、武田家斗りには喧嘩さすまじき為までに男道を、失ひ給はんこと、勿体なき義也、各諸侍はいかんも、ましませ、いやしくも内藤修理においては、某子どもに男道のきつかけをはづしても、堪忍いたせとあることは、聊も申し付けまじ、何をも堪忍とばかり有レ之は臆病なる侍の、跡先わきまへず、ふり所体にて世をわたる者ども、おのれが心のむさきを人にあてがひ、家中人々には、何をいひかけても堪忍すると心得て、むざとことばをあらしはをぬくべし、言にかつは、さしておぼへにもならず、まけたる人、きはめて不足なる事なければ、ぞうごんの義は、まづかんにんもならんか、又彼よは者が存ずるは、言ばにてもまくる程に、あたまをはりても大事あるまじと、がさつにかゝつて、たたきはり仕るならば、たとい一類をくしにさゝれ申すとも、所のきらいあるまじ、そこにてうちはたすより外の儀有るべからず、それを両方、御成敗に付きては、親兄弟の身になりては無穿鑿なる御法度にて科もなき子、或は弟を御成敗哉と存じたゞ何と御用にたゝんと存じても、各いかもあれ、内藤修理などは、あまり御用にたゝんとも存ずまじ。」

掟であろうとも、不足を与えられてもなお堪忍するのは「男道のきつかけ」をはずすものである。「男道のきつかけ」をはずすものは、もはや武士たりえないのである。

ところで「男道のきつかけ」をはずさぬとは、まず例えば城を死守することである。右の引用文中、丁度ここでは引用を省略した部分に「男道のきつかけ」をはずさなかった事例として城を死守した侍大将のことが語られている。死を覚悟して城を守りぬくことが、侍大将にとっては、具体的な、もっとも代表的な「男の道」・「武道の心ばせ」・「武道の嗜」に生きる生き方なのである。さらに、個人的な喧嘩を話題にしつつ、城を死守する事例を引き合いに出した『甲陽軍鑑』が、武士は個々人自体が一つの城ともいうべき存在であると理解していたといえよう。つまり武士は、自己なる城を死守すべきなのである。頭をなぐられても堪忍するのは、城を攻略されても意にとめず、後退するに等しいことなのである。

堪忍しないということは刀を抜くことである。刀を抜けば殺すか殺されるか以外にはない。さらに両成敗の掟のあるところ、刀を抜くこと自体が死につながる。しかし、武士たるものはこの時、刀を抜かなくてはならない。しかも辱しめをうけた時、ただちに、間髪を入れず刀は抜かれなくてはならないのである。きっかけとは辞書によれば㈠しお・おり㈡はずみ・気勢である。武士が武士であるか否かを問われた瞬間、つまり不足を与えられた瞬間、ただちに行動にうつること、それがきっかけをはずさぬことである。自己なる城郭を死守する心組を武士はかねがね持つべきであり、しかも、それは咄嗟の間に表面化し行動にうつされなければならない。「男道のきっかけ」をはずさぬとはこの意味である。

掟を犯すことになろうとも、武士として、この「男道のきっかけ」をはずすことは出来ない。「男道のきっかけ」をはずさぬこと、それが武士の生命であったのである。もっとも、武士の思想も歴史的に変遷するものがあり、何を以て武士の生命とみるかにおいても、必ずしも「男道のきっかけ」をはずさぬいさぎよさが常に〝生命〟とされたわけではない。

今ここに、この武士の思想の変遷をとりあげることは、その場所ではないが、ただ、武士の歴史全体を通してみる時、一個の武士としての武士らしさが問題になる時、それは必ずしも主従関係における武士としてのあるべきあり方に吸収されることなく、そこからはみ出る、時に矛盾するものとして捉えられるものであったということである。武士は決して主従関係の中に閉じ込められていたのでなく、そこからはみ出すものがあり、まさにここに歴史を形成する原動力があったといえよう。幕末における主従関係の枠をこえた志士の活躍など端的にこれを示すものであろう。しかして、名・恥は、この一個の武士としての名・恥であり、したがって、名・恥の内容は必ずしも主従関係に即し、よき奉公人としての名、しからざることにおける恥であるよりも、本来その枠をはみ出たものであり、したがって時に矛盾することとすらある内容をもつものであったのである。

鎌倉武士が戦場で「われこそは云々」と名乗ったことは、周知のところである。斎藤実盛は敵の首をとり、太刀のさきにつらぬき、さしあげて、「利仁《としひと》将軍十七代の後胤、武蔵の国の住人斎藤別当実盛、生年卅一、軍をばかうこそすれ、我と思はん人々は寄合や〳〵」(『保元物語』)と名乗ったという。これは名乗りの一つの例である。

が、この一例を以てしても明らかなように、武士はその武功の名を、敵味方をこえて、その主従の場をはなれて、したがってまた経済的利益をこえて求めたことが明らかである。武士がその名・恥を問題にする時、彼は一個の武士としてあったことは、ここにも明確に素朴な形で示されているといえよう。

3　自敬と名

以上の考察を、主題からそれた考察であったとは思わないが、しかし、本章でもっとも説くべき問題――恥を知るという精神の構造についての考察が、後に廻わされたという感がある。これからが本章の本論である。

先に私は『甲陽軍鑑』の喧嘩両成敗批判の文章を長々と引用した。実はあの引用は、これからの恥の構造の説明に関し、あらかじめ十分に味読して頂きたかったからである。和辻哲郎氏は、嘗て、この喧嘩両成敗批判の『甲陽軍鑑』の文章を材料として、戦国武士の精神について考察されたことがある。即ち和辻氏は次のようにいわれた。

「ここに重要視せられている武士の気組みには、非常に強い自敬の念が含まれているとわれわれは考える。掟を破ることは主君にそむくことであり、一族を串刺しにされることは家族的人倫を破壊することであるが、それを冒してでもなお自分が臆病者でないことを実証しようとするのは、世間が自分を臆病者とみるからではなくして、自分がおのれ自身を臆病者と感じたくないからである。世間の眼から見れば、掟に従い堪忍する方が、常識を持ったよい侍だということになるであろう。しかし自分は、その堪忍において、命を惜しむ意地ぎたなさや卑しさを感ずる。自分はそういうおのれ自身を許すことができない。だから自分は、おのれが死を怖れないということ、おのれの面目はおのれの命よりも貴いということを、おのれ自身の前にはっきりと示したいのである。これはおのれとおのれの一家との破滅を意味するのであるから、利益のための所行でないことは明らかであろう。それはただ自敬の念の満足をのみ目ざしている。それをここでは男らしさと呼び、そこに男の道の真随を認めたのである。」（『日本倫理思想史』）

和辻哲郎氏はこのように内藤修理の両成敗批判論から「自敬の念の満足をのみ目的」とする武士の生き方をよみとられた。さらに「おのれの面目はおのれの命よりも貴いということを、おのれ自身の前にはっきりと示したい」のが武士であるといわれた。私には、この和辻氏の理解は、武士的精神の一面を実に見事に捉えたものであると思われる。しかし、和辻氏の理解が、武士の生き方のすべてを捉えたものであるということになると、若干の疑問をさしはさまないではおられない。武士の精神は、和辻氏によってとり出されたものを理解の重要な拠点としつつ、なおさらにその上につけ加えられなければならないものがあるように私には思われる。特に本章の主題である武士の恥の意識の解明にとっては、右の和辻氏の理解のみでは十分でないのである。

さて、『軍鑑』に、

「賢人は、手柄なしといふても、よきこと二度も三度もあるべし。其外五度六度手柄をいたしても、賢人なる意地にて、我心に、先づ等分に思はねば、我と我身を穿鑿仕り、是は誉にも有るまじとみがきたてゝ申さるれば、云々」

という文章がある。この武士は、他人が彼の手柄と認める行為についても、自らは誉れとする手柄というに値しないとする武士であり、自分が尊敬に値する武士であると自ら納得しうる事実をおのれ自身の前にはっきりと示すことを求め、自らをみがき上げる武士である。まさに和辻氏が理解された武士の典型的なるものである。和辻氏がいわれたように、またこの文章が示すように、戦国武士は、このように、自分が尊敬に値する武士であることを自分自身が納得する事実――証拠を求めてやまなかった。証拠によって武士は自己自身をも評価するのである。事実・証拠を尊重する精神が武士にあったことについてはすでに明らかにしたが、その証拠尊重の精神が、武士の自己自身とのかかわりにも働いていることを、われわれは改めて注目しなければならない。

今、場面を戦場にとって、少しく具体的に考えてみよう。武士は戦場において一番槍を手柄とした。二番槍はともかく、『軍鑑』において三番槍は最早手柄・名誉とするに値しないものであった。先頭きって一番にすすむことは、死の危険性をもっともはらむものであった。したがって、一番槍は死の覚悟あるものに始めて可能であるとされた。三番・四番以下は、すでに敵が浮足だった時に、あるいは背をむけて敗走しはじめた時に敵陣に突入するものであり、もはや死の危険性は激減され、ほとんど無に等しい。ところで、いまだ嘗て一番槍となった覚えのない武士は、自らを死の覚悟のある武士――尊敬に値する武士とは認めえない。一番槍の覚えもなく、しかもなお、自分にも死の覚悟は出来ている、今に一番槍をしてみせるというのは〝あすなろう武士〃、広言する武士と軽蔑される武士である。一番槍という事実——覚え——自己自身に対する証拠があってはじめて、彼は自ら死の覚悟がある武士、尊敬に値する武士であることを認めることができるのである。

さて、このように考えてくると、われわれはおのずから次の点に気づくことになる。自己自身に対する証拠は、本人がそれを意識すると否とにかかわらず、他者の目にもうつる客体的なものであり、他者に対してもまた、その武士が尊敬に値する武士である証拠として通用するところのものであるということである。他者の前にすでに「証拠」たりうるものでも、みがきたてる武士自身には心に満たぬ場合もあるが、しかし自ら満足しうる証拠は、一層他者の前にもその武士の優秀性を示す輝かしい証拠たりうるのである。そこには当然、輝かしい名が伴ってくる。武士が名を求めることを肯定した時、その名はかかる名であったというべきであろう。

証拠をふまえての自敬の念の満足を求めた武士を思う時、武士が、自敬の念の満足をのみ目的とし、他者の評価は眼中になかったとするのは抽象であろう。だがまた、武士が他人の評価のみを求め、他律的にのみ生きたとその自敬の側面を切りすてるのも抽象であろう。

武士は決して名を求めることを否定しなかった。ただ「証拠もなき誉を思う」ことと、「覚なき以前に名をとりたがる」ことを否定したのである。これは、すでにのべたように鎌倉武士のそのはじめからあった武士の姿勢である。名が名自体としてではなく、名のよってくる事実が追求された。しかも、この事実の追求には、「威光の名をとることを少しも思わず」という追求の姿勢を可能にする要素がふくまれていた。

要するに武士は、事実を重んじ、事実へと自己をみがきたて、尊敬に値する武士たらんとしたのであった。ここに尊敬というのは、自己の自己自身への尊敬であるとともに他者からの尊敬でもある。自敬の念の満足を求めるものであると同時に名を求めるものでもある。二つのことは別のことではなく、自敬にはすでに名を求めることがふくまれ、名を求めるということに自敬がふくまれていた。そもそも判然と自と他の区別をたてて、その上で武士の精神を理解しようとすることが誤りなのである。自身にとって尊敬に値するということと、他者から尊敬されるに値するということとは武士にとって別のことではなかったのである。自敬の念を満足せしめる事実が、誉の事実たりえぬ場合もあるなどという懐疑は、本来武士の世界には存在しなかったのである。

4　自他・内外の一体観

われわれは以上「名」を求める姿勢に武士を理解してきた。一応の見通しはたったが、まだ十分説き得たようにも思われない。特に武士を理解しようとする場合、あらかじめ、自と他とを判然と区別してかかることを批判しておいたが、この間の事情をさらにはっきりとおさえておかなくてはならない。で次に「恥」を知る側面から同じ問題に接近することにする。

名の反対は汚名である。汚名につながる行為を武士は恥ずべきものとする。恥を知る武士は、いかなる事態においても汚名につながる行為を行うべきではないと心にきめる武士である。ところですでに指摘したように『菊と刀』は日本人の恥を問題にする姿勢を「外的強制力にもとづいて善行を行う」ものと理解していた。多くの日本人も、われわれの「恥」が、そのようなものであると思いこんでいるようである。つまり恥をしるとは、人の目を気にする姿勢、したがって人の目のとどくところでは行為をつつしむが、人の目のとどかないところでは何をしてもよいとする姿勢と理解するのである。確かに、恥の精神が堕落した時、このような様相が呈されてくるであろう。だが、この堕落形態を以て、本来の恥の精神とすることは許されない。恥をしる精神が、それなりに高められた時のあり方、今これを本来の恥を知る精神といえば、それは『菊と刀』の指摘するごときものではない。

たとえば、恥を大いに説く『軍鑑』にも次のような文章がある。

「侍武士道のかせぎは、申すに及ばず、一切の儀につゐて、善悪の儀、人を証人に立つるは、おろかなり。只我心を証人に仕候はゞよからんと存ずる。是れ如何といへば、馬場美濃いかにもそれ尤もに候と申さるゝ、但しさやうの人は我心清きまゝに、大略の人をあさくみて、自慢の意地あるものなり。とてもの儀に、慢気なくして、年増をばうやまい、年おとりを引きたて、同年をば、たがひにうちとけ、其中によく近づく人のたらぬ事ある共、よく異見を仕り、惣別人も我もよきやうにと存知、少しもへつらふたる儀いでば、心に心を恥る人は、何に付けても、大きにほめたる事なりといふて云々」

ここには、「只我心を証人」とし、「へつらう」ことなく「心に心を恥る」武士が理想としてえがかれている。恥には、自分の心を自分の心に恥じるといった用法、したがってかかる内容もふくまれていたことをわれわれはまず知らなくてはならない。『菊と刀』のいうように恥は単なる他律的なものではないのである。

たしかに、『菊と刀』がいうように――その理解は別として――、恥はより多く他者に恥じるという形で用いられるのである。しかし、右に指摘したように、自らに恥じる恥もあった。われわれはこの二つの恥の綜合に恥の構造をみてとらなくてはなるまい。右の引用文においても、真実に「心に心を恥る」者はまた「人をあさくみて、自慢の意地」のなきものであった。「人をあさくみて自慢の意地」のなき者、それは他者に敬意をもって接する者といいかえることがゆるされるのではないであろうか。さらに他者に敬意をもつこと、それは、その他者に恥じることにつながるのではないであろうか。もしこのようにみることが許されるならば、真実に「心に心を恥る」者は、また他者に恥じる者となる。先にものべたように、武士社会においては、自と他とは、今日のわれわれにおけるごとく判然たるものではなかったのではなかろうか。自己自身に恥じることと他者に恥じることとは、武士にとって本質的には別のものではなかったのではないか。なお、この点について考察をつづけよう。

他者に敬意をもつこと、それは、その他者に恥じることにつながるのではないかと私はいった。これは、武士が他者に恥じるという時の他者の理解にかかわるのである。武士が他者に恥じるというその他者は、他者一般であったかどうかが、ここで問題になる。「さすが武き大将の弓矢の盛りにて、諸国の諸浪人・武士のあつまりなれば、諸傍輩を恥じて」などという捉え方はどうであろうか。勇将の下弱卒なしといわれるごとく、武き大将の下には諸国からすぐれた武士が集まる。そのすぐれた諸国から集まる武士たる諸傍輩を恥じてというのではなかろうか。これによれば恥じる相手は単なる他者一般ではない。それはいわば尊敬する他者である。尊敬する武士の目を恥じる、それが傍輩を恥じるということである。

武士は貴族主義的な精神の持主であった。彼らは町人を卑賤視していた。だから、町人と付きあうことを、自己を卑しめることとしてきらった。彼が敵とするのも、彼が武士として尊敬しうる者だけであった。卑しめる者を切る刀を持たぬといい、卑しい者を切れば刀がけがれると考えていた。しからば、恥じる傍輩も、彼が〝武士〟とみとめる、したがって武士として尊敬する他者であった。

このような問題を考える時に、私は鈴木正三の『盲安杖』の一節を思い出さないではおられない。正三は禅僧であるが嘗て三河武士の一人であった。彼の禅思想――彼のいう仁王禅はきわめて武士的性格の強いものであるが、この『盲安杖』はその出家直前に書かれたものである。

正三は誠あることが理想であるが、理想にただちに至りえないとしても「なんぞ恥をしらざらんや」という。しかし、その恥をしるとは、他者に恥じることでなく、「心に心を恥じる」ことであった。「万事を慎む人も、うき世のおもはく計に耻て、外をかざり、内心のあやまりをかくすなるべし。かたのごとく世にそむかぬほどの人も、内心には科有べし」。彼のいう恥をしれとは、他者の前にではなくこのように「心に心を恥じる」ことであった。

ところが、このように心に心を恥じよという正三が、さらに右の文につづけて説くのは次の通りである。

「心を敵にしてひとりつゝしめ。心中のあやまり、人はしらねども、我慥に是をしる。心をすまして是をおもへ。余所の人は我にしられん事をはづ。去ば我なんぞ我に恥ざらんや。此理をわすれて我は又よその人にしられん事をはづ。余所の心と我心更に別にあらず。己に心ゆるすな。歌に、無き名ぞと人にはいひて有ぬべし、心のとはゞ何と答む。」

一般の武士の、「余所」にとらわれる傾向を批判するところに正三の強調点があるのであるが、私がここで注目したいのは、その説明が、「余所の心と我心更に別にあらず」という考え方によってなされているということである。正三がいかに「心に心を恥じる」べきことを強調するとしても、自他の心の同一性を考える限り他者の心に恥じることが依然問題になるということである。しかして、正三のこの考え方をふまえる限り、逆に他者に恥じるということもまた、心に心を恥じることと別のことを説いたのではないということになろう。正三の思想を深い感銘をもってうけとった『葉隠』には、「心のとはゞいかが答む」という古歌が、しばしばこれ又感銘ふかいものとしてとりあげられている。しかも、『葉隠』には、一方で「外聞をとる」ということがしばしば語られる。『葉隠』の示す、一見したこの分裂も、実は、その考え方のもつ基盤にまでさかのぼって理解する時、単なる分裂ではない。ともかく「恥」を考える時、われわれは、その根底に自他の一体性がひかえていることをしらなくてはならない。自他の一体性をふまえた上において、その一体性が直接的自然的な一体性でなく、心ある——心の目覚めている——自他の一体性であったことを知るべきであり、ここに他者に恥じる他者が、単なる一般的他者でなく尊敬に値する他者であったことを知らなければならない。嘗て道元の『正法眼蔵随聞記』にも「恥ズベクバ明眼ノ人ヲハジヨ」とあった。武士が恥じたのは、自己でありまた明眼——尊敬すべき他者であったのである。

ここにあるものは人間の良心の一様性の理解である。ここからは、人は何といおうと自分はこうすべきであるという例外者的な生き方の主張は生れて来ない。尊敬する他者の発言、他者の目は、自己に内在する良心を目覚ませるものである。我心に恥じるのも、他者に恥じるのも、この普遍的な「良心」に恥じるのである。この良心は、万人によって自覚されてはいないが、心ある者はそこに目覚めており、われもまた目覚めるべきものなのである。目覚め、しかしてそれによって行為する者が尊敬に値するのであり、自己もまたかかる尊敬に値する武士たるべきであるのである。

以上をもって私の恥をめぐる考察が終ったわけではない。われわれは、いわば、自他の一体観が恥の精神の根底にあることをしった。この一体観はさらに人倫観・宇宙観の問題として深い底をもっているけれども、この自他の一体観とともに、ここでさらにどうしても指摘しておかなくてはならないのは、内外一体観ともいうべきものである。すなわち、字面通りに理解すれば、他者に恥じ、他者の目を問題にする時、他者の目にうつるものは、外にあらわれた行為であり、「心に心を恥じる」場合には、他者には不可視な内面であるということになろう。一方が外面に表現された行為であり、他方が内面であるとおさえれば、二つの恥は、互に異質的であるといわざるをえなくなる。はたしてそうであろうか。ここにおいて、われわれは、どうしても武士における内と外との連関について考えざるをえなくなるのである。

例えば「諸人目をひきわらひ申す。氏康口惜しく思召し、小刀をもつて自害せんとし給ふ。（略）かやうに辱をしり給ふ」（『甲陽軍鑑』）という文章がある。これは、氏康という武将が、ただ彼の外的行為をのみ他者の前に恥じたというのであろうか。そのような行為をとった自分を、他者の前に、しかして自己自身に恥じたのではないであろうか。後者であるとすれば、行為自体ではない。行為をした、行為の背後にある自己を恥じたことになろう。先に私は、数々の武功をたてつつも、我と「我心に等分に思はねば」、「誉にも有るまじ」と「我と我身を穿鑿仕（り）」、みがきたてる武士のことをのべたが、みがきたてるとは、我と我身を恥じ、つまり自分の目によしと思いうる行為をなしえざる自己を自分の心に恥じ、よしと思いうる行為へ自己をみがきたてることであろう。この我と我身を穿鑿するということと、心に心を恥じることとは武士社会一般においては別のことではないのではなかろうか。自己自身に対する評価も、行為という証拠を介してはじめてなしえた武士にとって、心に心を恥じることも具体的には我と我身を穿鑿すると別のものではなかったと思われるのである。

勿論、武士の思想といっても様々であって一律にいうことは出来ないであろう。ここでは、もっとも武士的といいうるものをとり出すことが問題であるが、かかる観点からは、武士にとって、心と行為、内面と外面とは判然と別たれるものではなかったということが出来よう。したがって、他者の目を恥じるというのも、本来ただ内面と切りはなされた外面をのみ恥じるのではなく、心に心を恥じるというのも、行為から切りはなされた心を自ら恥じるというのではあるまい。自他の一体観とともに、内外の一体観が恥を知る精神の根底に働いていたといえよう。

戦国末期に武将らとの交渉の中に生きた藤原惺窩が『大学』の大の意を説いて「大の字に人己合一と内外合一との義あり」(『逐鹿評』)となし、「我心の極処の至善に止まって移らざるとき」は、「人と己と内と外との差別」がなくなると教えた。つまり彼において儒学とは人己内外合一の世界への帰入であった。恥もまた、かかる人己内外の本来的一体観を前提にしてのみ理解することができるのではあるまいか。

三、死の覚悟

1　死のいさぎよさ

武士は本来戦闘に従うものであったから、死をおそれる臆病は、武士である資格を根本において欠くものであった。したがって、武士社会においては、死に対する姿勢、死の覚悟が彼らが武士であることの基本の問題としてとりあげられた。「武士道といふは死ぬ事と見付けたり」という『葉隠』の言葉も、武士社会のこのような土壌から生れたものである。

もっとも、為政者的性格を強めた武士、特に近世の武士は、人倫の指導者という自覚から、〝死の覚悟〟よりも〝道の自覚〟を彼らのより基本の問題としてとりあげることになった。そこで近世の武士社会には、死の覚悟を基本におく流れと、道の自覚を基本におく流れとの、二つの流れが生れた。前者を一般に（『葉隠』的）武士道とよび後者を（儒教的）士道とよびならわしている。もっとも士道論にもそれなりの死の覚悟がとかれてはいたが、覚悟の内容において両者が大きくへだたることを認めざるをえない。

この武士道と士道の死生観を比較しその変遷を考察することも興味ある問題であるが、しかしその前に、われわれは、武士の死に対するきびしさをまず理解しておかなくてはならない。そのきびしさの理解の為には、戦国的な武士の死生観、したがってその流れを直接的にうけついだ『葉隠』的武士道論の死への姿勢をまず考察の材料としてとりあげるべきであろう。近世の武士が儒教的教養によって道の実現をより基本の問題としたとしても、なお彼らにも嘗ての武士の死への姿勢のきびしさはうけつがれているが、死への姿勢に関して〝武士的〟なものの理解を目指すわれわれとしては、武士道における死の覚悟をこそ、まず正面の対象としてとりあげるべきであろう。以下三節にわたって武士の死生観を問題にするが、考察の中心を武士道論におき、士道論的死生観は必要においてこれと比較考察する形をとることにする。

鎌倉武士の間に「弓矢とる身の習」・「坂東武者の習」が自覚されたことは周知のところである。その「習」の内容は「軍は親も討れよ、子も討れよ、死ねば乗越々々戦ふ」（『平家物語』）とか、「大将軍の前にては、親死に子討るれども顧ず、弥が上にも死に重なつて戦ふとぞ聞く」（『保元物語』）という文章に端的に示されている。和辻哲郎氏はこれを「献身の道徳」と捉えられた。しかして、このように捨身が戦場における主君への奉公の仕方として一度自覚されると、その捨身の姿勢は、自覚された場をはなれても要求されることになる。例はまずいが、戦場の殺伐な雰囲気にふれたものが、戦場の外の日常生活においても殺伐になることを考えれば、場の移行も理解されよう。捨身は、平時における奉公の理想ともなり、さらに私的な場においても武士のあるべきあり方として標榜されることにもなる。

ところでこの機会に言及しておきたいことは、あらゆる場における捨身の姿勢が、一個の武士としての標榜さるべきものとなる時、この武士は一個の武士として、戦場においても戦場にふさわしい仕方における捨身に生きるべきことになる。しかもそれは、主君への献身としてではなく、一個の武士としての名を求めての捨身となる。具体的な行為としては、主君への献身も名の追求もことなるところはないが、主従関係のうけとめ方において両者に異なるものがある。この二つのものは武士社会の初期から共存していたと思われる。ただ初期においてはこの両者が調和をたもち、その矛盾が露呈するにいたらなかったのである。社会と個人の矛盾はいかなる場にもあり、今ここでとり上げているのもその一つのあらわれである。

戦闘が集団的になると戦場における武士の行動は統制されざるをえない。が、捨身をよしとし、武士らしき武士たることを求める武士は統制に服することを肯ぜず、統制を破って敵軍に迫り、死をおそれぬ武士らしい武士であることを実証しようとする。

主従関係に生きるということと、一個の武士として生きるということとの矛盾は、さらに端的に日常的な場においてあらわれてくる。辱しめをうけた時、武士たる者はその屈辱に耐えてはならない。その瞬間に武士らしい武士であることを実証する仕方は、抜刀し、相手を切りすてる以外にはない。刀を抜くこと、それは生命をかけた行為であり、生命をかけた行為は、死をいさぎよくする覚悟ある武士にのみ可能である。だが、私の喧嘩に生命をすてることは、主君の戦力をよわめることで不忠である。主従の道からいえば、私事はいかにも堪忍すべきである。主君の立場から、私の喧嘩は否定すべきものである。だから殺伐な戦国に、しばしばあるこの喧嘩を、統帥者たちは喧嘩両成敗の法令を以て禁圧しようとした。しかし、この法令は、いさぎよさを身上とする武士にはうけとりがたいものであった。禁令があっても、禁令を無視する武士があらわれる。そして禁令を破っても我慢しないという行為は、さらに一層、死のいさぎよさを実証することになる。

これらの点は、別の角度からであるが、すでに前章でとりあげた。ここではただこの死のいさぎよさを求める姿勢について、具体的にその内容を考察したい。

喧嘩両成敗批判をのべた『甲陽軍鑑』は「脇指心」をわすれるなという。

「信玄公きこしめし、寺川・赤口関何れもとしこばい宿老にて、男子道いまだ若きなりと見ゆる。侍が侍にいであふて、むないたを取程ならば、脇指を以て、伏つく事有べきに、さはなくて、暫くおし付て罷有は、人にとりさへられたきとあることに相似たり。又押付らるる侍も、武士が胸へ手をかけらるると一度に、はや脇ざしをぬきつく所にてはなきか。是論ともいはれぬ事。子細は手と手と取あふ程にての勝負也。又手と手と取りあふても、喧嘩とは申されず候。身際へ互によるほどに、脇指心なき故なり。」

人を押えつけながら刀を抜かぬのは、仲裁の入ることを期待していると理解される態度である。つまり、死をさけた、生に執着を示す態度である。まして、相手に胸ぐらをつかまえられながら、刀を抜かないのは、論外である。

武士は極力怒をおさえなければならない。しかし、もはや我慢がならぬという時には、「ぶっきるより外の儀」を武士はなすべきではない。血のつかぬす喧嘩は武士のなすべき業ではない。武士が一度、立ち上がる時、それは死が覚悟されていなくてはならないのである。

他者を罵倒する言葉をはく時も、「其場にてうちはたすべき覚悟をすえて、其後申し出」すべきである。相手が、そのまま引きさがれば、刀を抜かないでもよい。がもともと、その覚悟なく「定めて大事はあるまじきと（略）存じ、雑言は未練也」。頭をなぐられるなどということは、武士にあってはならない。だが、この雑言の未練さは、あたまをなぐられたことより未練である。頭をなぐられたのであれば、すかさず打返し、相手を切りたおせばよい。すかさず切りころせば逆に手柄ともなる。が、この覚悟をふまえぬ雑言はそそぐすべがない。

弱者は徒党を組んで口々にののしる。相手が我慢すると思えばいよいよいつのる。が一度、その武士が「こらへまじきと分別きはめ」て立ち上がると「徒党結びたる弱者ども鍮鉐《ちゅうじゃく》色なり」。

武士が立ち上がる時、決意する時、このように死が覚悟されていなければならなかった。決意することは武士においては文字通りの捨身となることを意味した。では、武士は、いかなる時に立ち上がるべきであったか。ならぬ堪忍するが堪忍という教があるが、武士にとってその堪忍の限度はどこにあったか。

武士が堪忍すべき限度を理解するには、戦国の武将がそれぞれ、おらが城郭にたてこもっていたことを想起することが理解の近道である。敵の攻撃をうけ、おめおめとおらが城郭をあけ渡す武将があったであろうか。武将はおらが城郭を死守した。おらが城郭を死守する武将が「男の道を専らまもる」武将であった。武士一個人を理解するにおいても、われわれは、彼ら個々人がおらが城郭にたてこもった存在として理解されなければならない。武士は、そのおらが城郭を死守しようとした。先にも引いたように、胸ぐらをつかまれること、頭をなぐられること、これらをも堪忍することは、むざむざと城郭を明けわたすに等しいのであった。

喧嘩両成敗の御法度があり、堪忍せよというのが上意であっても、堪忍にはその限界があるというのが両成敗を悪法として批判する立場であった。限界が突破され、一個の武士としての存在が否定された時、武士は間髪をいれず立ち上がるべきであった。それは武士にとって生命よりも貴いことであった。生命よりも貴い一個の武士としての独立性——この点については後に一章をもうけてのべる——は、まさに生命をすててても守られなければならぬものであった。

武士はこのようにおらが城郭を死守した。それは生命をすてても守り抜かねばならぬものであった。ところが、このような仕方で死の覚悟が強調されると、やがて間髪をいれずに捨身になること自体が、つまり生命に執着を示さぬこと自体が武士のあるべきあり方として標榜されることになる。『軍鑑』の表現を以てすれば「きつかけ」をはずさぬこと自体が標榜されることになる。

きっかけとは、しお、おりの意味である。「男道のきつかけ」をはずさぬとは、したがって、武士の立ち上がるべき時、その時に間髪を入れず立ち上がることである。間髪を入れず立ち上がるには兼ての心組を必要とする。この心組を間髪を入れずに表面化し行為に移すそれがきっかけをはずさぬことなのである。

ぶっきる外なしと刀を抜いて立ち上がることは、彼自らが生命をかけることであり、生への執着をこえて立ち上がることである。和辻氏のいわれるように、まさにこの行為において武士は自らを臆病未練ならざる武士と確認することが出来た。武士は自らをすぐれた武士として確認することを求めたのである。が、また彼は、他者からも死をいさぎよくするすぐれた武士として確認される。彼は武士らしい武士という名を確保するに至るのである。

『軍鑑』が、武士の誉としてあげるものはその筆頭が一番槍であった。以下二番槍、鑓下・鑓脇とつづく。一番槍がなぜ武士の高名の最たるものであるかといえば、それは、もっとも死の危険を犯すからである。死地への突入は、死の覚悟に徹した者においてのみはじめてなしうる。『軍鑑』は武田家では三番槍を高名手柄とみとめないという。それは、「三番からは惣がかりなり」だからである。敵はすでに浮き足立ち、すでに背をむけはじめている。かかる三番手はほとんど死の危険をもたぬ、だからもはや高名手柄たりえないのである。一番槍とは一番に敵陣に槍を入れた者、突入した者である。必ずしも最初に首級をあげた者、敵を切りたおした者ではない。それはただその行為が、死の覚悟にもっとも徹したことを実証する行為なるが故に最高の誉れなのである。引き上げる時の殿《しんがり》が、一番槍に相当する高名といわれるのも、これと同じ理由である。

以上は『甲陽軍鑑』から死の覚悟が強調されたいくつかの場面をとり出したものである。死の覚悟は、さらにこの覚悟をふまえるところに形成される武士の様々な徳性をともなって来るのであり、それらの点についてなお考察すべき多くの問題がのこされているが、しばらく、捨身・いさぎよい死を重んずる伝統をうけつぐ『葉隠』に話題をうつすことにする。

『葉隠』の「武士道といふは、死ぬ事と見付けたり」は余りにも有名であるが、『軍鑑』をすでに見て来たわれわれにとっては、『葉隠』のこの言葉も左程異様なものではない。「武士道といふは、死ぬ事と見付けたり。」という『葉隠』は、つづけて次のようにいう。

「二つ〳〵の場にて、早く死ぬかたに片付くばかりなり。別に仔細なし。胸すわつて進むなり。図に当らぬは犬死などといふ事は上方風の打ち上りたる武道なるべし。二つ〳〵の場にて、図に当るやうにわかることは、及ばざることなり。我人、生きる方がすきなり。多分すきの方に理が付くべし。若し図にはづれて生きたらば、腰抜けなり。この境危ふきなり。図にはづれて死にたらば、犬死気違なり。恥にはならず。これが武道に丈夫なり。」

この文章によれば、『葉隠』も生への未練が武士のもっとも恥ずべき致命傷であるという理解において、すでにのべたところと変わりはない。さらにまた、恥ずべき臆病者でないということは、行為において実証さるべきものであるとみることにおいても、すでに考察したところの考え方がはたらいている。図にはずれて生きる時、彼は生に未練ある武士であるという汚名をそそぐすべはないのである。ただ、注意したいのは「我人、生きる方がすきなり」という文章である。生への未練をもっとも恥ずべきものとしつつ、なお「我人生きる方がすきなり」と自覚するが故に、死ぬ事と見付けたり、早く死ぬかたに片付くばかりなりなりという強烈な表現があらわれたのである。『葉隠』は、徳川も中期、いわば太平の時代に書きとめられたものであり、太平の産物であるが故に、逆にかかる強烈な表現がおし出されたというべきであろう。

右せんか左せんかと思う時、ともかく武士たる者は、死への道をえらべというのが、死に片付くばかりなりなりであり、死ぬ事と見付けたりの意味である。それは一部の人の理解するように死への憧憬ではない。少なくとも直接的に死への憧憬を示すものではない。死はともかく、武士にとっても、好ましからざること、我人は生きる方が好きなのである。が、その死への道をえらべというのである。それは悲壮ですらある。しかし、その死への決断によって、武士としてもっともかけがえなく貴重なものを確保しうるというのが死ぬ事と見付けたりなのである。武士にとって、もっともかけがえなく貴重なものとは、死にいさぎよくあるということである。臆病でないということである。だから、死ぬこと自体によって、このもっとも貴重なものは確保される。「恥にはならず」である。

だが、死ぬ事と見付けたりといいきられても、またこのように説明しても、かかる武士道なる生き方がいかなるものかその実体はなお十分に理解しえざるうらみがあろう。そこで、少しく『葉隠』が死への突入をとく具体的な場について述べてみよう。

「何某、喧嘩打返しをせぬ故恥になりたり。打返しの仕様は踏みかけて切り殺さるる迄なり。これにて恥にならざるなり。仕果すべきと思ふ故、間に合はず。向は大勢などと云ひて時を移し、しまり止めになる相談に極るなり。相手何千人もあれ、片端よりなで切りと思ひ定めて、立ち向ふ迄にて成就なり。多分仕済ますものなり。」

ここでも具体的な場の例としてとりあげられるのは喧嘩である。武士道と喧嘩との組み合せに、人々は武士道なるものの正体を見たと思われるであろう。たしかにその理解には、当らずといえども遠からざるものがあるように私にも思われる。『葉隠』は、武士にとって役儀上の失敗は恥ではない。「外の事、私の事にて仕損ずることそ辱にてあるべし。」と語っている。このように、武士としての恥が、公の役儀の場ではなく、それ以外の場、特に私事の場においておこってくるとすれば、恥のない生き方としての武士道が、しばしば喧嘩を場として語られることの必然も理解されてくる。喧嘩はともかく、その武士としての独立性が犯された時に起こる。独立性の主張は喧嘩となり、独立性の主張は、武士社会においては死の危険を犯さなければならない。生命の危険の前に独立性の主張を躊躇してはならないのである。しかし、ここに注意しておかねばならぬことは、『葉隠』が「死ぬまでなり」という時、独立性を守るべく死ぬというよりは、死ぬことそれ自体、死へのいさぎよさを実証することそれ自体が問題にされているということである。

喧嘩の当人ではなく、たまたま喧嘩の場に居合せた武士としてどうするかということがしばしばとりあげられている。その振舞い方はむずかしく、生命の執着を示さぬ振舞いが要求される。しかして、辱しめをうけた当事者だけでなく居合せた武士にもまた「死ぬ事と見付けたり」がその生き方として要請されてくる。独立を守るというより、いさぎよき武士として自己を守ることにアクセントがあることを、このような事例は語るであろう。しかし、喧嘩の事例をあげるまでもなく、金銭・色欲を語ることも、痛い・苦しいという詞を口にすることも、すべて生への執着を示すものとして『葉隠』はきらった。さらには、病床のやつれた姿・老人の姿もまた、同じ意味でみにくいものであった。死のいさぎよさ自体に『葉隠』の核心があったことは疑えない。この点はすでに指摘したところであるが、『軍鑑』より『葉隠』にすすむにしたがい、右の傾向は一層顕著に正面におし出されてきたというべきであろう。

ところでさらに『葉隠』において注目されることは、二つ二つの場にて死ぬ方に片付くには、「前廉の覚悟」が必要であると強調するところである。かねての覚悟がなければ、その咄嗟の場での捨身の行動がなりがたいというのである。『軍鑑』できっかけをはずさぬということが武士の武士たるところとされていたが、『葉隠』では、その為には兼ての覚悟が必要であることが強調された。ここから「毎朝毎夕改めては死に〳〵常住死身になりて居る時は、武道に自由を得、一生越度なく家職を仕果すべきなり。」という理解もおし出されてくるのである。

私はこの「覚悟」という心の姿勢に興味を感ずる。覚悟という言葉は今日も用いられるが、さかのぼれば武士が好んで用いた言葉であり、この覚悟という心の姿勢の構造を理解しなければ、武士の死生観を理解することは出来ない。現在の私にはいささか手にあまる問題であり、将来を期さなければならないが、節をあらためてとり上げることにしよう。

なお、この節を終る前に、『葉隠』と同時代にかかれ、しばしば『葉隠』と並べてあげられる大道寺友山の『武道初心集』の死生観について一言しておきたい。『初心集』は、

「武士たらんものは正月元日の朝雑煮の餅を祝ふとて箸を取初るより其年の大晦日の夕に至る迄日々夜々死を常に心にあつるを以本意の第一とは仕るにて候。」

と書き出している。この書き出しは一見、右にあげた『葉隠』の文章とほとんど同じ内容をもつもののように思われる。しかし、『初心集』の「死を心にあつる」と『葉隠』の「死ぬ事と見付ける」「改めては死に〳〵」とはことなる。つまり『初心集』の「死を心にあつる」とは「其子細を申に惣而人間の命をば夕べの露あしたの霜になぞらへ随分はかなき物に致し置候中にも殊更危きは武士の身命にて候を人々己が心すましにいつ迄も長生を仕る了簡なるに依て主君へも末長き御奉公親々への孝養も末久き義也と存るから事起りて主君へも不奉公を仕り親々への孝行も疎略には罷成にて候」をふまえたものである。「死を心にあつる」とは、人間いつ死ぬかもわからぬという自覚をつねにもつことである。いつ死ぬかわからぬという自覚をもって今の忠孝に生きよというのが『初心集』の教である。死に突入せよと教える『葉隠』とこの

『初心集』の教は、本質的に別のものである。『初心集』の著者大道寺友山は山鹿素行の弟子であり、むしろ彼の考え方の根底には儒教的士道論につながるものがある。素行の『山鹿語類』「士談」に、

「能く勤めて安レ命は大丈夫の心也。されば匹夫は死を常に心にあてて物をつとめ、勤めて命を安ずるにあり。死を常に心にあつるといへば、何事も不レ入、唯だ当分々々と仕りて、是れをとどめざるは是れ又臆心也。死を心にあてば能く事物の間をつとめ守るべし。事物の間をつとめ守らば、唯今死にのぞみても快して、あきたらぬ処不レ可レ有。」

とのべている。友山の「死を心にあつる」は素行のこの「死を心にあてる」とまったく同じ意味である。なお素行は「我が身たとへ生きながら敵人の手に渡るとも、命は卒爾に棄つべからざると存ずる也。己れが一時の怒に身を棄て、恥を思うて早く死し、死を潔くして一時の思を快くせんことは忠臣の道にあらざる也」ともいう。士道論を代表する素行の考え方は、死に片付くばかりである、それで恥にならずという『葉隠』に代表される考え方に真向から対立するのである。死の覚悟を根幹にすえる『葉隠』流武士道と、道の自覚を根本とする儒教的士道はたしかに、この点はっきり

とした対立を示すのである。

士道においても〝覚悟〟は同じように説かれた。しかし同じく死の覚悟をといても、士道と武士道の覚悟は実質的な内容を異にするのである。

2 覚悟の悲壮性

覚悟は、覚も悟も「さとり」であるが、武士の覚悟は仏教者の「さとり」とは別のものである。仏教者が覚悟を「さとり」の意味に用いる場合もあるが、ここで問題にする覚悟は武士の覚悟である。仏教は本来、出世間的であるが、武士の覚悟はあくまでも世俗内での心の持ち方である。勿論、文字が示すように、「さとり」と覚悟とは何らかの内容的なつながりをもつものであることが予想される。したがって、「さとり」と覚悟の連続と非連続をおさえることが、覚悟理解の一つの有力な手懸りのように思われる。これに関して思い出されることは、戦乱の中に生きた武士たちが仏教に強い関心をもっていたことである。また仏教に関心をもつべく教えられたことである。しかしまた、同時に、彼らは余り仏教に深入りしてはならないとも戒められてもいた。たとえば、『碧巌録』は読むべきであるが、七巻までにとどむべきであり、十巻全部をよんではならないと教えられた（『甲陽軍鑑』）。理由は、『碧巌録』全体を理解すると出家心がわき武士を廃業したくなるからであった。戦国武士の覚悟は、いわば十巻を読了してうる仏教者の「さとり」ではなく、「さとり」につながるものをもちつつも、なお七巻にして得られるもの、あくまでも世俗における心のもち方なのである。

さて、仏教者の「さとり」と武士の覚悟との相違として注目されるのは、「さとり」には悲哀感・悲壮感がないのに対して、武士の覚悟には悲哀悲壮がともなうことである。「悲壮な覚悟」といわれるように、悲哀悲壮は覚悟の本質にかかわるもののように思われる。明治の内村鑑三が、武士には「崇高な悲哀感」があったとのべているが、これも武士の精神を支えた覚悟に悲哀感がともなうことを指摘したものといえよう。さらに近世中期の『常山紀談』には次のような物語がのせられている。すなわち〝ある主従がともに那須与一・宇治川の先陣争いの琵琶を聞いた。琵琶を聞いて涙した主君に、このような勇壮な話をきいてなぜ涙するかと武士がただした。質問をうけた武将は、今までお前達を頼もしい武士と思っていたが、この質問をきいて失望した。与一は、もし扇を射そこねたら腹を切る覚悟をしている。与一の心中を思う時、涙しないではおられない〞というのである。悲哀をふまえてたつところに武士の理想がとらえられていたことを、この物語は端的に語っていると思われる。

ところで、かつて和辻哲郎氏は「死の覚悟」を「死生を超えた立場」と比較して、覚悟を「まだ自分の身命にこだわっている」・「こだわるのはまだ私を残した立場である」(『日本の臣道』)といわれた。この和辻氏の覚悟の理解は私には適切なものに思われるのであるが、また右にのべた覚悟の性格、覚悟は悲哀をふまえたものであるという性格にも符合するように思われる。悲哀をふまえて立つということは、和辻氏の表現をかりれば、私をのこしつつ私をこえるということになろう。私が残されているが故に悲哀があるのである。

ところで、覚悟を「死の覚悟」に限定して考えると、死を覚悟するということは、死において自己が無になるという事実から目をそむけることなく、しかもその死をおそれず毅然と事に処し、あるいは敢然と死地に突入すべく心にきめることである。あらかじめ心に定めるところがあって死に直面してもなお毅然たる態度をとりうる武士、あるいは事に望んで敢然と死に突入しうる武士が死の覚悟ある武士であり、かかる生き方を可能ならしめるかねての心の姿勢が覚悟なのである。覚悟は事態に直面した時の決断ではなく、本来あくまでも「かねての覚悟」であり、「あらかじめ」なさるべきものであった。覚悟があらかじめ、かねてなされるが故に、死の事態が突如として眼前に現われても「覚悟の前」として「うろたえる」ことがないのである。ところで、覚悟がこのように「かねて」のものであることを改めて認識すると、覚悟をきめた時点において、その武士の日々の生活は依然従来と変わるところがないことが問題になる。いざという時、うろたえることなくこの生活と訣別し、自己をも無にすると心にきめながらも、なおその時までの日々の生活には、妻子との団欒があり、酒があり、書画のたのしみがある。この点が覚悟と「さとり」の大きく異なるところである。「さとり」を得た者にはもはや本来従来通りの生活はない。彼は世捨人としてあるのである。しかし、覚悟した武士は従来通りの生活をつづける。彼は従来の日々の生活の意義を否定しない。生活はそのままに肯定的につづけられるのである。覚悟するとは、この彼が肯定的にうけとめているところのものを、あるいは、その持続を願望するところのものを、事態如何によって、その時、棄てると心にきめることである。「さとり」のようにすでに世捨人になるのであれば悲哀はないはずである。しかし覚悟はこのように、出来うればとその持続を願望するところのものを、事態いかんによってはすてると心にきめることであるから、そこには悲哀がともなわざるをえない。覚悟が悲壮な覚悟といわれるのはこの為であろう。

先にあげた琵琶に涙した武将の考え方によれば、この悲哀をふまえた武士こそ頼もしい武士なのである。彼は、生命に何らの執着をもたぬごとく猪突猛進する武士よりも、一面にはこれに執らわれつつ、しかも自覚的にこれをこえる武士を頼もしい武士とみとめるのである。

さて、このようにみてくると、覚悟を問題にする武士には、その基盤に、一面には現実の生の肯定があり、他面、時にこの現実の生に訣別しても従わなければならぬ生き方があったといえよう。私は先に、鎌倉武士が名を重んじたことを考察した時に、己の運命を見つめた武士は、時に「今は何をか期すべき」と「生涯の運を思い切」り、「運命尽きぬれば、力及ばず、されど名こそ惜しけれ」とむなしき名に生きたことをのべたが、ここにも武士たちが、事態がゆるす限り、現実的繁栄を願望し、だがまた、その願望を思い切るべき時があることをも知っていたことが明らかである。

ところで、事態によっては、願望をも思いきってすすむべき生き方の、したがって覚悟の内容的理解において武士たちは必ずしも一つではなかった。近世に限っても、死のいさぎよさを武士たる者の最高の道とするか、いわゆる人倫の道の実現を考えるかの二つの考え方があった。前者が『葉隠』的武士道であり、後者が儒教的士道であることは、しばしばのべる通りである。しかし今、この内容の相違を括弧に入れれば、いずれにしてもその生き方を真に己のものとすること、それが心をきめることであり、覚悟をきめることであった。武士は、この生き方を教えこまれ、しかしてこれに即して覚悟ある武士となることが求められたのであった。

しかしながら、この教をそのままにただちにうけ容れることは容易ではなかった。例えばいさぎよい死がいかに価値高きものであると教えても、戦乱の只中に生きる者であればあるいは体を以て理解することも出来るであろうが、平和のつづく近世社会において、それは望みうべきことではない。そこで、そのわけがあらためて説かれなくてはならなくなる。わけを説こうとすれば、人生の究極についての理解から語られなければならなくなる。人生をその究極から理解してはじめて、真に覚悟をきめることも可能になる。『葉隠』はこの役割をはたした一つの思想書である。

次節では『葉隠』をとりあげ、死のいさぎよさ自体に価値をみとめる立場が、どのように思想的に基礎づけられていたかをみることにしよう。時に願望を思い切って死をいさぎよくすべきであるという教の思想的根拠を『葉隠』がいかに説くかということを考察しよう。

3 『葉隠』と仏教

『葉隠』の語り手山本常朝が主君の死とともに出家した人物であったことをまず念頭におくことにしよう。彼は殉死が禁制であった故にやむなく出家の道をえらんだ、人物である。『葉隠』という本は、武士によって語られた武士道の書ではなく、嘗て武士であったが現に出家としてある人物によって語られた武士道である。『葉隠』は聞書であるが、その語り手山本常朝が嘗ては武士、現には出家としてある人物であるということの認識が、われわれの『葉隠』理解にいかに重要な意味をもってくるかは、以下にのべる通りである。

常朝は単に頭をそった武士にすぎなかったのではない。はじめはそうであったかもしれないが、頭をそって以来この時までですでに十年にちかい歳月が流れている。しかも『葉隠』の中にも「道すがら、何とよくからくつた人形ではなきや。糸をつけてもなきに、歩いたり、飛んだり、はねたり、もの迄も言ふは上手の細工なり。来年の盆には客にぞなるべき。さてもあだな世界かな。忘れてばかり居るぞと。」・「夢の世とはよき見立なり。悪夢など見たるとき、早く覚めよかしと思ひ、夢にてあれかしなどと思ふ事あり、今日もそれに少しも違はざるなりと。」・「人間一生誠に纔の事なり。すいた事をして暮すべきなり。夢の間の世の中に、すかぬ事ばかりして苦を見て暮すは愚なることなり。この事は、悪しく聞いては害になる事故、若き衆などへ終に語らぬ奥の手なり。我は寝る事が好きなり。今の境界相応に、いよ〳〵禁足して、寝て暮すべしと思ふなり。」などとその心境をのべるものがある。あるいは色即空、空即色などその知識の傾向をうかがわせるものもある。出家生活十年間に彼が仏教的世界に次第に深く入りこんで来ていることを否定することは出来ない。『葉隠』という書物は、この常朝が世俗内の生き方を語ったものの聞書なのである。ところで、ここまで考えてくると、出家が世俗内の生き方を語ることが出来るか、世俗内の生き方を語る〝出家〟とはそもそもなにか、常朝としては、出家としての彼が世俗内の生き方を語りうる根拠をどこに求めていたか等々の問題がでてくるが、これらの問題を正面から追うことは本書の主題をそれるので、常朝において仏道と武士道とがいかなる関係において捉えられていたかということに、焦点をしぼろう。考察の焦点をここにしぼれば、右の疑問に対する解答の手懸りをも得られようし、また本書本章の主題そのものにもつながることになろう。

まず『葉隠』には次のような文章がある。

「物が二つになるが悪しきなり。武士道一つにて、他に求むることあるべからず。道の字は同じき事なり。然るに、儒道仏道を聞きて武士道などと云ふは、道に叶はぬところなり。かくの如く心得て諸道を聞きては、いよ〳〵道に叶ふべし。」

武士の則るべき道は武士道ただ一つである。儒道・仏道が即ち武士道であるなどという理解は誤りである。しかし道に二つなく、武士道の道も儒仏の道も根本は一つである。だから武士の道は武士道と知った上で、儒仏を学ぶことは武士にとって大いに益するところである。――以上は右の引用をいいかえたものであるが、議論は必ずしも簡単なものではない。十分に理解するには相当の紙面を必要とするように思われるが、ともかく、ここには武士道と仏教の関係が語られており、仏教が武士道の形成に多大の影響力をもつことが理解されている。しかし武士道形成に働きかけ、そこに吸収される時には、もはや仏道そのものではないのである。

また次のような一段もある。

「（略）唯奉公に好きたるが当介家職なり。或は理非の穿鑿強く、又は無常を観じ隠者を好み濁れる世の中・事繁き都などと見なし、仏道修行にて生死を離れ、詩歌の翫び、風雅を好みなどする事、よき事の様に思ふなり。これは、我が一身の安楽して、心を浄く持つばかりなり。隠居人・出家など世外者はよし。奉公人には第一の禁物。斯くの如き者は皆腰ぬけなり。武道奉公は、骨を折りて仕にくき事なる故、逃れて安楽を好むものなり。世間に無学文盲にして奉公一篇に精を入れ、又は妻子以下の育てに心懸くる者は、一生見事に暮すなり。奉公人にてはありながら、座禅を勤め、詩歌に心を寄せ、境界を風雅に異風にする人は、多分身上持ちそこなひ、無力に責められ、俗にも僧にもあらず、公家・隠者にもあらずして、見苦しき有様なり。（略）」

ここでは先に、仏道を武士道とみることを誤りと指摘したように俗でありつつ僧を真似た生き方をすることが否定されている。俗は俗に徹して生きるべきなのである。だがまた彼はこの俗とはっきりと区別された世外者僧の存在をも肯定する。俗として生きるか僧として生きるか、ともかくいずれかにはっきりとして生きることを常朝は求めている。この文章と内容はほとんど同じであるが、われわれの理解をさらに一歩すすめるものがあるので、煩雑をいとわずさらに引くことにする。

「奉公の至極は家老の座に直り、御意見申し上ぐる事に候。（略）斯様の事に眼の着きたる者は一人もなし。たま〳〵私慾の立身を好みて、追従仕廻る者はあれども、これは小慾にて終に家老には望みかけ得ず。少し魂の入りたる者は、利慾を離るると思ひて踏み込みて奉公せず、徒然草・撰集抄などを楽しみ候。兼好・西行などは、腰ぬけ・すくたれ者なり。武士業がならぬ故、抜け風をこしらへたるものなり。今にも出家極老の衆は学びても然るべく候。侍たる者は名利の真中、地獄の真中に駈け入りても、主君の御用に立つべきとなり。」

ここでは私欲をはなれることが当然のこととしてまず主張されている。しかし、私欲のはなれ方に二つのあり方が考えられている。一つは出家であり、二つは武士としてのそれである。彼はここでも俗と僧との二つの生き方があることを認めている。世俗外の僧としてのあり方は欲をはなれた生き方の一つであるが、欲をはなれた世俗内の生き方が、また別に存在することをみとめるのである。常朝自身は前者の生き方をとりつつあるのであるが、彼が武士にすすめるのはこの後者である。

ところで常朝は道は一つであるといった。その一つなる道は、つまり私欲をはなれることである。私欲をはなれるとは「不定世界の内にて、愁ひも悦びも、心に留むべき様なきことなり。」と物への執着をたつことであった。だがこの物への執着をはなれることに、右にのべたように二つの仕方があったのである。重複するがもう一度いえば、その一つはこの世界そのものをはなれて世外者世捨人となることである。が他の一つはこの不定世界にとどまりつつ物への執着をすっきりとはなれることである。物へ執着する私欲・利欲をはなれることは、自己の生存への執着をはなれることにきわまる。このようにみてくると、「武士道といふは死ぬ事と見付けたり」は、まさにこの後者をずばりいい切ったものとなる。

いさぎよい死をよしとする思想は勿論武士社会にすでにあった。また平和のつづく近世において逆に、死のいさぎよさが強調されることも考えられる。しかし、この死ぬ事と見付けたりという、強烈な捉え方はそれだけではないようである。ここでは主君への献身としてでもなく、独立の死守としてでもなく、ただ、死ぬこと自体が道として捉えられている。それは、ただ執着をたつことを教える仏教のそれにつながる。物への執着をはなれることを道の根本とみる常朝の仏教的教養が、武士社会に流れる伝統と重なって、はじめてこの捉え方を生み出したのではないであろうか。素行や友山のそれと対比する時、私はこのように考えることがゆるされると思う。敢ていえば、武士時代の常朝にこの言葉をはきえたかということになる。勿論この点は資料によって考察されなければならないが、敢てこう書いたのは、私の『葉隠』の理解の姿勢を示すためである。もっとも仏教的教養をもたぬ戦国武士はなかったであろうし、近世においても一半の武士にはその伝統がつながっていたと思われる。この観点からいえば、仏教者となった常朝のいい切った言葉も武士の思想として位置づけることが出来よう。

しかしなお、この世界を「不定世界」とみながら、なおその世界にとどまるというのはいかなるわけかという問題がのこっている。で、ここでは、不定世界として捉えられたこの世界が具体的にはどのようなものとして描かれていたかという角度から、この問題をとりあげることにしよう。

私はさらに、この問題は物への執着を否定した『葉隠』がなお主従関係にこだわるのはいかにしたことかという疑問におきかえることが出来ると思う。しかして、これに対しては、彼が執着を否定したのは、まさに個々人の私欲の対象としての物であったことである。つまり「愁ひも悦びも、心に留むべき様なきことなり」という内容において執着を否定したのである。したがって彼は彼の名利の対象としての主従関係を否定したのである。彼にとって、かかる名利の対象としての性格をぬぐいさった主従関係はそれとは関係なく存在する。主従関係そのものは、彼の愁いや悦びをこえてあるものであり、不定なものではない。主従関係のみでなく、主従関係を軸とする武士社会そのものは、彼にとってさらに一層不定なものではない。

ところで、彼がこの主従関係に生きる武士の姿勢としてあげるのは「忍恋」の心根であった。彼は恋の至極を忍恋だという。「命の内にそれと知らするは深き恋にあらず、思ひ死の長けの高き事限りなし」ともいう。恋は元来、心が通じて結ばれることを求めるものであるが、彼は、その恋の至極を知られずに終ることにあるという。ここにとらえられた恋は、もはや地上の恋ではない。恋は恋である限り地上のものであろうが、その地上性を極点にまで否定した、地上のものならぬ恋である。ところで「この事は万づの心得にわたるべし。主従の間など、この心にて済むなり」という。

常朝の説く恋がもはや地上のものではないように、彼の説く主従関係もまたもはや地上のものではないのである。彼の肉体と彼の名利の対象である様々のものは幻でありはかなく消えて行くものであるにしても、かかる無常のものに対していえば、彼の抽象化した主従関係は、さらにこの主従関係を軸としてある武士社会は地上の無常をこえたもの、永遠なものなのであった。永遠というはっきりとした自覚まではなかったとしても、常なき物を包むものであった。だから、武士がこの主従関係・武士社会に己を刻印することは、とりもなおさず永遠なるものにつながることであった。彼は私欲をこえるべきものとして名利を否定したが、永遠につながる名（鎌倉武士のいったむなしき名）はこれをもとめ、永遠の汚名となる恥ある行為は彼はこれをさけたのであった。永遠にきえることのない恥の根本は生への執着であり、すべての執着はここに還元された。不定世界と無窮の世界とは一枚の紙の表裏の如く一体的である。だから無常なる物を無常なるものとして、それへの執着をたつこと自体が無窮の中に生きることであった。死ぬこと自体が武士の道とされていたのはこの為である。

人間というものは、何らかの絶対永遠なるものがなければ、生きて行けない。まして、死の覚悟などをきめることは出来ない。武士一般には来世が存在しなかったから、彼らが何を究極的なよりどころとしていたかが考えられなければなるまい。私はそれを、地上のものでありつつ地上をこえた人倫、名のはこばれる場としての武士社会の無窮性が、『葉隠』武士道を支える究極のものであったと思う。

4　士道論における死

以上はおもに『葉隠』を中心として武士道論における死に対する姿勢を考えて来た。本章を終るにあたって、士道論における死の問題にもふれておきたい。

まず〝覚悟〟であるが、これは士道においても大いに問題にされたところである。特に吉田松陰の、

「敬の字は主一無適などと註して、道学先生は高上なる事に説けども、敬は乃ち備なり。武士道にては是を覚悟と云ふ。」（『武教全書講録』）

という理解は注目される。敬は近世の儒学、特に朱子学系の儒学において重要な概念であるが、この敬を覚悟と結びつけたところは注目に値する。敬を覚悟と結びつける理解が彼のいかなる思想を表現していたかというに、彼はまず至誠に生きることを強

調していた。が、内面からほどばしる至誠も生命の危機・肉体的苦痛の前に動揺する可能性をもつものであった。だから彼は、その至誠がいかなる事態にもうろたえぬものにまで確立する必要があった。この確立の努力、それがつつしむことであり、いいかえればうろたえぬように備えることであり、しかしてそれが覚悟することであった。したがって松陰において覚悟するとは、至誠に生きるように心をきめる——確立することであった。『葉隠』にあっては〝死に片付く〟ときめることが覚悟することであったが、松陰においては〝至誠に生きる〟ときめることが覚悟することであった。しばしばのべたようにここには明らかに武士道と士道との相異が示されている。私が一方が、死の覚悟を、他方が道の実現を根本にするといったのもこの意味である。

ところで、このように士道においては死に対する姿勢はその核心においては説かれていなかったが、しかし、死が問題にされなかったのではない。つまり、至誠の確立が問題にされるのは至誠が時にうろたえるからであり、そのうろたえる事態の最たるものは死の危機に出合った時である。したがって士道における道に生きる覚悟は、まさに死に直面しても毅然としてある自己の確立を求めるものであった。

死に直面しても毅然として道に生きる姿勢を理解することが、士道における覚悟の内容を理解することになるであろう。ここでは、幕末の武士社会に生きた儒者佐藤一斎の『言志録』をとり上げて、その輪郭を示すことにする。

幕末の変動期に生きた一斎は、生死吉凶禍福に動転しない自己の確立を求めたが、まず指摘しておきたいのは、彼には相当はっきりとした彼なりの実存的意識があったことである。

彼は、我より前は千古万古であり、我より後も千世万世であり、いかに長寿を保ちえてもこの宇宙の時間からいえば一呼吸の間にすぎないという。しかも、一度死ねば再び生れることはないという。だが、「物ハ二アリテ二ナキ者ヲ至宝ト為ス」・「試ニ思へ、己レ一身モ亦コレ物ナリ。果シテ二アリヤ否ヤ、人自重シテ之ヲ宝愛スルコトヲ知ラザルハ、亦思ハザルノ甚ダシキナリ」ともいう。

このように一回的な自己を重んじた一斎において、その自己を宝愛することは、われを「人タルヲ成シテ終」らしめることであった。人たらしめるとは、また「軀殻ノ己」たる仮己をさって「真我」を成すことであった。

「軀殻ノ己」を去るというのは、肉体を殺すことではない。彼によれば人は天よりうけた心と地よりうけた軀殻からなるものであり、人たる限り軀殻をはなれることはなかった。したがって「軀殻ノ己」をさるとは、耳鼻口四肢の欲求のままに生きる自己、つまり環境に左右される自己から脱皮することを意味した。一方、真我をなすとは「人ハ当ニ自ラワガ軀ニ主宰アルヲ認ムベシ」というように、軀殻に対する主宰性を確立することであり、主宰するものが即ち真我であった。「方ニ能ク其ノ身ヲ忘レテ、身真ニ吾ガ有ト為ラン」というように、この真我を確立することは、軀殻を真に自己の軀殻とすること、軀殻と心からなる自己を主体的存在として把握することであった。死に直面してなお動転せぬ自己の確立は、一斎においては、まさにこの真我の確立として追求されたのであった。「軀殻ノ己」にとどまる限り軀殻のおののきは"自己"のおののきであるが、軀殻が統御される時、軀殻のおののきはもはや自己のおののきではなかった。

ところで、一斎はさらに、真我は「我ノ我タル所以ノモノ」であるというが、この「我ノ我タル所以ノモノ」とは、軀殻に寓する「天」であった。天は生死の外なるもの、生死をこえて永遠に生々するものであり、ここにおいて真我をなすとは、この内在的天に生きること、天と合一することの意味となった。そこで彼はまた「己ノ心アルコトヲミトメ、己ノ心ナキコトヲミトム」べきであるという。「軀殻ノ己」をさとることは、「己ノ心アルコトヲミトメ」ることにおいてまずなされるが、「己ノ心ナキコトヲミトム」ること、即ち天との合一において、真我をなすことはまったきをうることになろう。天と合一しえてはじめて死の前に平然たる自己は確立されるのである。天と合一し心なる天の命のままに生きていかなる事態にも動転することのない一回的な自己の確立、これが士道的立場における死生観の内容である。一斎はまた「聖人ハ死ヲ安ンジ、賢人ハ死ヲ分トシ、常人ハ死ヲ畏ル」という。天と合一し切る時に安んずるにいたる。が、合一すべきであるという段階にとどまる限りそれは賢人の境涯である。賢人にはなお、その姿勢に悲壮性があるということになろうか。ここにとり上げたのは一斎の思想であるにすぎない。だが士道における考え方の基本はここに十分に示されている。

四、閑《しず》かな強み

1 勝負の構

死を覚悟するということは、生きる方がすきな自分に勝つことである。ところで、この自分に勝つということが、他者に勝つことを結果するというところに武士の理解の特色があった。今日でも、例えばマラソンの実況放送などで、マラソンは自分自身との戦いである。自分との戦いに勝った者に最後の栄冠が輝くなどと、きまり文句のようにアナウンスされるが、自分に勝つものが他者に勝つという考え方は、武士社会に形成されたものである。先に私は、一番槍が名誉とされるのは、死の覚悟に徹した武士であることをこの一番槍が実証するからであるといったが、一番二番とはまさに他者との関係においていわれるものである。自己に勝ち死に徹した者は他者に勝って先頭をきるのである。

「勝つといふは味方に勝つ事なり。味方に勝つといふは、我に勝つ事なり。我に勝つといふは、気を以て体に勝つことなり。かねて味方数万の士に我に続く者なき様に我が心身を仕なし置かねば、勝つことはならぬなり。」

という『葉隠』の言葉も、この考え方を端的に示すものであろう。儒者の言葉であるが、

「強は人に勝つをいへども、先づみづから我にかち私にかち、欲にかつを聖賢の強とす。我が私にかつ時は、其の上に人に勝つ事必定なるべし。」（林羅山『三徳抄』）

もまったく同じことをのべたものである。

「勝がなくては名がとれぬ」（『軍鑑』）といわれていた。名が武士の生命であったことを思うと、勝つことが武士にとって、いかに必須のことであったかは十分に理解されよう。宮本武蔵もその『五輪書』に、

「大形武士の思ふ心をはかるに、武士は只死ぬると云道を嗜事と覚ゆるほどの儀也。死する道におゐては、武士計にかぎらず、出家にても、女にても、百姓以下に至る迄、義理をしり恥をおもひ、死する所を思ひきる事は、其差別なきもの也。武士の兵法をおこなふ道は、何事におゐても、人にすぐるる所を本とし、或は一身の切合にかち、或は数人の戦に勝ち、主君の為、我身の為、名をあげ身をたてんと思ふ。是兵法の徳をもつてなり。」

という。『武道初心集』もまた、

「大身小身共に武士たらんものは勝と云文字の道理を能心得べきもの也。子細を申に勝といふ字をばすぐるると読申儀なればとかく人にすぐれたる所がなくては能武士とは被申ず候。」

という。武士にとってこのように勝つこと・まさることが生命であったとすれば、武士的な姿勢を批判する時に、まずこの勝たんとする姿勢が槍玉にあがるのも当然である。例えば堀景山はその『不尽言』に、「日本ノ武家ノ風」を「武威ヲ張ツテ我慢ニ好レ勝ノ心、且ツハ又威光ノ落ンコトヲ恐ルル心」ときめつけ、「只モノ人ニ卑下《ひけ》ヲトラジトシ、何事ニテモ人ニ勝ツコトヲ専トスル気」と指摘している。

このように武士は、勝つということを武士の生き方の基本において求めていた。それは戦闘において敵に勝つだけでなく、日常生活の場における味方傍輩に対してもまた勝つことを求めたのである。ただそれは腕力によって他者をおさえつける勝ちを意味しない。他者に対する勝ちは、先にのべたように、まさに自己自身に勝つことによって獲得さるべきものとして捉えられていた。

例えば、死の覚悟ある者は、武士としての独立性を犯されれば、すかさず刀を抜く。このような武士に対して人々は軽々しく手出しをし辱しめを与えることは出来なかった。一目おいて彼を怒らせぬように心しなければならなかった。つまり、死の覚悟ある武士は、無言のうちに他の侵犯を許さぬ武士であった。いいかえれば、戦わずして勝つ武士であった。

無言のうちに他者を威圧する武士を強みのある武士とよんだ。その強みは、あらわに腕力でおさえる強みでなく、内に秘められた力を感じさせる強みであるから、静かな強みといわれた。『甲陽軍鑑』は、これを、武士は、とぎすました刀をさやにおさめてもつ如くなければならないと教えていたが、『葉隠』はさらに明確に、

「風体の修行は、不断鏡を見て直したるがよし。これ秘蔵の事なり。諸人鏡をよく見ぬゆゑ、風体わろし。口上の稽古は宿元にての物言ひにて直す事なり。文段の修行は一行の手紙も案文する迄なり。右いづれも閑かに強みあるがよきなり。」

と、静かな強みを武士のあるべきあり方として標榜した。

ところで、かかる静かな強みを標榜したのは、先にものべたように、武士が味方傍輩の武士同士の間においても、本質的に勝負の関係において生きていたからである。武士を道化化してえがけば、肩をいからかし、あたりをはらい、大道を闊歩する武士

をえがくであろう。武士は名誉・矜持に生きるのであって、それは他者におくれず、少なくとも他者に伍して生きることであった。おくれをとるということは、伍から脱落することであり、伍からの脱落は武士としての生命の喪失であった。名を問題にした武士は矜持に生き、それは日々を勝負の構で生きることを意味した。武士の矜持は民衆に対してであるよりも、武士相互に対してであった。矜持は武士の本質であり生命であった。武士個々人は、それぞれがいわばおらが城郭をもち、城郭にたてこもり、他に対峙し、他からの侵犯を拒否しつつ生きたのであった。だがその勝負は先にのべたように、まず自己自身との戦いであり、戦国武士にとっては、死を覚悟することがその強みの根本であった。

戦国武士は根底に死の覚悟をふまえ、その死の覚悟が強みの根本であったが、近世の武士にとっては事情がいささかことなる。すでにしばしばのべたように近世の武士の多くは、儒教的教養の下に、彼らが根底にふまえたのは道の自覚であった。しかし近世の武士たちも、戦国の武士と同じように強みを標榜した。しかしてその強みは、死の覚悟ではなく、この道の自覚をふまえるところに形成されるものと理解されていた。

「強は人に勝つをいへども、先づみづから我にかち私にかち、欲にかつを聖賢の強とす。我が私にかつ時は、其の上に人に勝つ事必定なるべし。」

この文章はすでに一度引用したことのある文章であるが、儒者林羅山の言葉である。ここに私にかつとされているのは、私欲にかって人倫の道に生きることを意味する。道に生きることによって形成されるのが「聖賢の強」だというのである。羅山は、一般の武士のいう強みに対して「聖賢の強」を説いたのであるが、それは、強みがそこから形成されるふまえどころの相違であって、強みを標榜するということにおいてかわりはない。儒教といっても武士社会の儒教は武士が理解した儒教であり、その儒教理解が武士的であることはいうまでもない。道の自覚をふまえて立つ時、強みが形成されるという思想など、まさに武士的な儒教理解を端的に示すものである。

林羅山は『敵戒説』という一篇を書き、まず欲心を自己の内面にすくう敵とみて、「私欲を断然する事、敵に勝ち、敵を亡して乱を治るにたとふ。何ぞ帰服せざる敵あらんや」という。しかも、かかる内面の敵との戦いに勝つ時、つまり「敬すれば」その時、「怠慢の形なし、人あなどるべからず」という。これが彼のいう「聖賢の強」であろうが、強みそのものにおいては、戦国武士のそれと何ら変るところはない。ま

た羅山の師藤原惺窩も、

「威あつてたけからずとは、威儀ただしくして、そそけみだれず、みるから威光あるゆへに、あなどりがましくおもはれぬぞ。それを威といふ。（略）心に徳をそなへ身に行いをただして敬あれば、自からみるより威光ありて、人がおそるるぞ。ただむりにきつくよりつかれぬやうなるをたけしといふ。」（『寸鉄録』）

と語っている。われわれはこのように武士社会において理解された儒教が、つまり士道が武士道とともに強みを武士の徳性の一契機として重視していたことを、この外いくらでも指摘することができる。

2　礼儀と強み

士道論において強みが説かれた事例を列記しても意味がないから、近世士道論における礼儀の意味づけをとりあげることにしよう。彼らの礼儀の意味づけを理解することは、おのずから士道が一貫して強みを標榜したことをわれわれに示すことになる。

まず、私は礼儀に対する従来の一面的な解釈の訂正からはじめる必要がある。礼儀は、封建的階層的秩序を維持する役割をもち、武士社会において礼儀が強調されたのも、その階層的秩序を維持する為であった、というのが大方の理解のようである。たしかに、礼儀がこのような役割をもっていたことを認めなければならない。しかし、武士社会に生きて働いていた礼儀は、ただこれだけではない。武士たちが主体的に礼儀をうけとめた時、武士たちは礼儀をただこのようなものとしてのみうけとめていたのであろうか。主君の前に、床に頭をすりつけて平伏する武士として、かかる礼儀作法を主体的にはいかにうけとめていたのであろうか。私の理解によれば、まさにこの平伏する礼儀正しさ自体に、その武士の、一個の武人としての強みが表現されていたのである。平伏する仕方そのものに、主君としてもあなどりがたい一個の武士としての威厳が表現されていたのである。

『武道初心集』に、

「無礼不作法なれ共、それにはかまひなく、主・親を如在に致さず大切に思ふ心ざしの信《まこと》をさへ尽し候へば事済み申とあるは是三民の輩の忠孝なり。武士道におゐてはたとひいか程心に忠孝の道を守り候ても形に礼儀を尽さずしては忠孝の道に完くかなひたるとは不被申候。」

とある。礼儀は武士にとって欠くべからざるものであった。武士的精神と礼儀は切りはなせないものであった。ただ問題は、なぜ、かくも武士にとって重要なのかということである。『武道初心集』の著者大道寺友山の師は山鹿素行であるが、威儀を正すことの強調は素行の思想の特色をなすものであった。しばらく素行に即して礼儀＝威儀の武士社会における意味を考えてみよう。

彼は、道義的人格の形成には「先づ威儀の則を正しく」すべきであると考えたが、その理由はまず次の点にあった。

「内外は本と一致にして不レ別。外其の威儀正しきときは内其の徳正し。外にみだるる処あれば内必ず是れに応ず。唯外の威儀を詳に究明して、其の天則に相かなふが如く守らんには、心術の要自然に明なるべし。威儀は礼の形也。礼は毋不敬を以て本とす。」

素行はこのように、内面を確立するには礼の形としての威儀を正さなければならないと主張したのであったが、だが、素行の主張はこれだけにはとどまらなかった。われわれが注目すべきは、むしろ彼が「威儀」という文字を解釈しつつ説いた次の点にある。彼によれば「威は其の容貌より言語に至るまでかるかるしからず、甚だおごそかにして、人以て可畏の形也」であり、また儀とは「容貌の物にまじはり言語の事に及ぶまで詳に究明するを以て、其すがた人々皆のつとり手本と可仕に宜しき」ことである。つまり素行にとって、威儀を正すことは、内面を正し誠ならしめるためであるとともに、自己を他者の前に畏るべきもの、「卓爾として独立」するものとして形成するためであった。他者に対して、かるがるしからず、甚だおごそかにして可レ畏き自己を形成することは、他者の「まうけに陥り」「邪儀におとしいれ」られることを警戒する為である。このように素行において威儀を正すことは、一面において自己に勝ち、他面において他者に勝つ自己を形成する為であった。素行において礼儀はまさに強みを形成表現するものであった。

幕末の佐藤一斎においても、羅山・素行以来の伝統は失われていない。一斎は、

「甲冑ハ辱シム可カラザルノ色アリ。人ハ礼譲ヲ服シテ以テ甲冑ト為サバ、誰カ敢テ之ヲ辱シメン」（『言志晩録』）

という。ここにおいて礼儀は即ち甲冑なのである。一斎はまた「攻ムル者ハ余リ有リテ守ル者ハ足ラズ。兵法アルイハソレ然ラン。余ハ則チイフ。守ル者ハ余リアリテ攻ムル者ハ足ラズト。攻メザルヲ以テ攻ムルハ攻ムルノ上ナリ」という。一斎にとって

礼儀をもってよろうことは、まさにこの「攻メザルヲ以テ攻ムル」構えであったのである。

以上は、儒教的士道論における礼儀の意味を考え、武士の強みの標榜が具体的には礼儀の尊重としてあらわれていたことをみたのであるが、礼儀を重視することにおいて、また礼儀の正しさに強みをみることにおいて『葉隠』的武士道論においても何ら変わるところはない。たとえば『葉隠』は「当時の人は礼がすくなき故、うつかりとも見え風体悪しきなり」という。『葉隠』が、風体・口上・手跡の理想を閑かに強みあることとしていたことは、すでに述べた通りである。なおまた、

「打ち見たる所その儘その人々の長分《たけぶん》の威が顕はるるものなり。引き嗜む所に威あり。調子静かなる所に威あり。詞寡き所に威あり。礼儀深き所に威あり。行儀重き所に威あり。云々」

ともいう。

このように、礼儀の尊重、礼儀正しさに強み威厳をみるという点において、士道武士道において何ら異るところはないが、したがって、これらを武士一般の考え方とうけとることが許されるが、礼儀の思想的根拠を問題にすると両者はわかれる。士道に

おける礼儀は、天地を貫く理法、しかして人倫の道の客体的具体的表現として理解されていたといえよう。したがって、礼儀に生きることは道をふまえて立つことであり、そこに強みが形成されることは、すでに考察した通りである。だが武士道がこのような理解をとらないことはいうまでもない。武士道においては、礼儀は死の覚悟とのかかわりにおいて理解されなければならない。

武士道においては、死を覚悟した武士は礼儀正しく慇懃であるという。死の覚悟のない者は人に無礼慮外をするという。『甲陽軍鑑』によれば、

「臆病なる侍（中略）おのれが心のむさきを人にあてがひ、家中人々には、何をいひかけても堪忍すると心得て、むざとことばをあらしはをぬくべし云々」

である。『軍鑑』は、人間はすべて自分の腕、自分の意地にあてがって人を理解するという。臆病な者は人もまた脇指心がないとみる。したがって、これ位のことをしても、なにごともあるまいと無礼をしかけることになる。これを逆に理解すれば、慮外無礼は、本人がいかに臆病な脇指心のない武士であるかを証明することになる。ところで「たけき武士」は、

「我がむねにあてがひ、兵どしが寄り合ひて、一言申して双方堪忍なければ、さ

てはたすなり。詮なきことに、打ち果たし、主の用にはたゝずして、しかも妻子を路頭に立て、屍の上の恥辱と、跡さきを分別してむさと人をあしういはず」である。死を覚悟する武士は、相手もまた脇指心ある武士とみるが故に、ことのあと先を慮って人を怒らせぬように振舞う。つまり慇懃に礼儀正しく振舞うのである。しからば慇懃に礼儀正しくあることは、その武士が死を覚悟した武士であることを語るものであり、かつまた、慇懃礼儀正しさが、強みの表現ともなるのである。

3　詞の働き

前節では強みをおもに礼儀作法との連関においてとらえてきたが、少しく観点をかえてさらに強みのいくつかのあらわれ方を問題にしよう。

戦乱の時代が遠ざかるにしたがって、武士の奉公は馬前の討死から諫言にかわってきた。主君への諫言を奉公の核心とみることにおいて士道論も『葉隠』も変わるところはなかった。またこの変化と平行して、武士の働きは、戦の場における働きよりも詞の働きを重んずることに移行してきた。「治世に勇を顕はすは詞なり」（『葉隠』）なという考え方もうまれてきた。したがって武士が理想とした強みもまた、詞の働きの強みとして多くとりあげられることになる。『葉隠』が風体・手跡とならんで口上を重視し、それらが閑かに強みあることを理想としていたことはすでにのべた通りである。

ところで、『葉隠』において、武士の詞の働きがいかに重視されていたかは例えば次の一文で理解されよう。

「当座にて酒狂にても妄言にても、耳に立ち候事申す人これある節は、それ相応の返答したるがよし。愚痴に候て、はや胸ふさがり心せき、即座の一言出合はず、これにては残らぬ仕合せと打ち果し申す事、たはけたる死様なり。馬鹿者と申し懸け候はゞ、たはけ者と返答して済む事に候。」

つまり、咄嗟に刀を抜くより、とっさに一言返答することを、より高い武士の名誉とみることなど、時の移りを示すものではないであろうか。以下しばらく詞についての武士の嗜をおい、それと強みとの関係を理解し、強みなるものの内容をさらに幾分なりとも明らかにすることにつとめよう。

まず、もののいい方について、武士がひとしく心すべきこととしたのは、多言をいやしみ、寡黙をよしとしたことである。

「物言ひの肝要は言はざることなり。言はずして済すべしと思へば一言もいはずして済むものなり。言はで叶はざる事を言葉寡く道理よく聞え候様云ふべきなり。」

と『葉隠』はいう。素行も、

「若し軽忽にして口にまかせば多言にして言に失おほく、我れ大に労役して威儀ここに不ㇾ正、人きいて更に益なし。」

といい、一斎も、

「簡黙沈静ハ君子モトヨリ宜シク然ルベキナリ。」

「多言ノ人ハ浮躁ナリ。或ハ人ヲ枉グ。寡黙ノ人ハ測リ難シ、或ハ人ヲ探ル。」

と教えている。『武道初心集』には「惣而武士の多言とあるは嫌ふ事なるに其心得なく云々」と、武士社会において寡黙が広くよしとされていたことを語っている。では何故に寡黙がよしとされ、多言が非とされたのであろうか。根本的には、克己をよしとする精神のあらわれであるといえようが、その説き方にはさまざまあった。『葉隠』によれば、寡黙はまず「むざと口を利」いて「恥をあらはし」人に見限られることを警戒してであった。すでにのべたように『葉隠』は人々は生きる方が好きであることをみとめていた。この人間の性情は、気を抜かさずおさえつづけなければ、何時己を支配するかわからなかった。いつ言葉にあらわれるかわからなかった。だから不注意に「むざと」言葉をはくべきではなかった。

「武士は仮にも弱気のことを云ふまじすまじと兼々心がくべき事なり。」

「武士は万事に心を付け、少しにてもおくれになる事を嫌ふべきなり。就中物言ひに不吟味なれば、我は臆病なり、その時は逃げ申すべし、おそろしき、痛いなどといふことあり。ざれにも、たはぶれにも寝言にもたは言にもいふまじき詞なり。」

武士がいうべからざる言葉は、直接生命への未練を語る言葉だけではなかった。金銭利害の事、男女の色情のこと、あるいは衣食住への欲望、遊興安楽のねがいごと、これらもすべて生命への執着にねざし、未練から生れるものとして武士の口にすべき言葉ではなかった。むざと口をきけば、つい弱味が出る。武士はかかる自己と戦わなければならなかった。寡黙はその自己との戦いに勝つ姿である。それ故、寡黙はまた強みの表現なのである。

「殿中にて目に物を見ず、口に物を言はずと合点して、すわりたる処を動かず、人より申し懸け候共、十言は一言にて済まし申すべく候。脇より見てしつかりと見え候。八方を眺め口をたたき候に付て、内の心が外にちり、うかつげに見ゆるなり。心のすわりと申すもなり。」

この『葉隠』の文章によれば多言はうかつげにみえ寡黙はしっかりとした心のすわりを感じせしめるという。俗に話に夢中になり、話に気をとられるというが、そのような時、心は留守となり隙だらけである。もしこの時、突如異変がおこれば、この武士が狼狽しておくれをとることは必定である。だから「精神ノ収斂」を強調した一斎も「言語ヲ謹ミテ心ノ出入ヲ厳」にし、何事にても心が外物にうばわれることなく、自己を失わぬことを教えた。言動を制御する寡黙の静けさは、常に彼の精神がその全身を支配することを思わしめ、したがっていかなる異変にも動じないであろう心のすわり・強みを感じせしめるのであった。

饒舌は一見才気を思わしめる。だが「利潑は残らず外に出て奥深き処なし」・「利潑を面に出し候者は諸人うけ申さず候。ゆりすわりしかとしたるところなくては風体よろしからざるなり」。すべてが外にあらわであり、未知のものをのこさないからでもある。武士は手の中をみせることを好まない。手の中をみぬかれることは戦における敗北をいみする。だから、人と伍しておくれをとらぬ武士は未知なるものをのこした。「寡黙ノ人ハ測リ難」い。ここからも寡黙は強みにつながるのであった。「寡黙ノ人ハ測リ難」いが、測り難いのみでなく精神的エネルギーの内面への充実を思わしめる。「饒舌ノ時、自ラ気ノ暴スルヲ覚ユ。暴スレバココニウユ」。衰弱したエネルギーから出る言葉には力がない。かかる饒舌で「安ンゾ能ク人ヲ動カサンヤ」である。精神の発動は極力おさえられなければならない。おさえにおさえて、いかにもおさえきれない、やむをえざる発露。言語もこのようにやむをえぬものにおさえなければならない。おさえにおさえた蓄積されたエネルギーが、沈黙を破る一言のうちにこめられてくれれば、その一言は力強く働く。「武士はことば一つにても其の勝負全し」（『軍鑑』）である。

武士の言葉は、一刀両断、ずばり急所をつく一言でなければならない。

「大難大変の時も一言なり。仕合よき時も一言なり。当座の挨拶咄の内も一言なり。工夫して云ふべき事なり。ひつかりするものなり。（略）皆心の仕事なり。心の覚えある人ならでは知るまじとなり。」（『葉隠』以下同）

たとえば酒席で妄言をあびせられた時など、武士には即座にこれに対応すべき一言があるべきであった。「心気うろ〳〵としたるときは、分別も埒明かず、なづみなくさはやかに凜としたる気にては七息に分別すむものなり。胸すわってつつきれたる気の位なり」。つっきれた気の位からは「即座の一言」が出合う。だがその時、胸ふたがってこの「即座の一言出合はず」、後になって、もはやこうなっては最後と打ちはたしても、それはたわけた死に様でしかありえない。もし「即座の一言」があれば、刀を抜かず、しかも面目を立てることが出来る。あるいは相手をとり逃した時の「卑怯もの逃げるか」とあびせる一言、殿中で切りつけられた時の「うぬし殿中にてなくば」とにらみつけた一言、これらはみな「死にたるより見事なる一言」である。

武士の詞は強く働くものでなくてはならない。働くというのは、詞の働きによって他者に勝つこと、上手につくことである。人に出合う時、早くその気質をのみ込んで随分対応しなければならないと『葉隠』は教える。理堅く強勢の人に出合えば、まず随分おれて取り合う必要がある。だがまた、かどだたぬように「間に相手になる上手の理を以ていいふせ」るところがなくては武士ではない。しかもその後には少しもあとをのこしてはいけないのである。『葉隠』によれば、これが「胸の働き、詞の働き」というものなのである。「或人〝何某は惜しき者早死したる〟と申され候。〝惜しき者の内にて候〟と答え申し候。又〝世が末になりて義理を絶え申し候〟と申され候に付、〝窮すれば変ずと申し候へば、追付よくなるべき時節にて候〟と答へ申し候。斯様の越度が大事なり」。『葉隠』のいう上手の理とはこのようなものである。

4　武士の一諾

言葉に関する武士の嗜は、このように寡黙と見事な一言であった。寡黙は強さをひめ、寡黙の武士の一言はその強さの発露であった。寡黙の武士の一言は、いかなる障害をも突き破り貫ぬく断固たる強さをもって響く。いや、武士が一言するにおいては、いかなる障害にも屈すべきではなかった。いかなる他者の前にも、いかなる事態となろうとも、口外された一言は貫かれなければならないのである。「侍の一言金鉄より堅く候。自身決定の上は、仏神も及ばれまじ」である。

武士が口外するにおいては、その一言を貫く決意をふまえていなければならない。武士は一言を名誉をかけてはくべきであったから「以後の考えなしに」、「一かわ思案にて指し当り心にうかぶ程の事をば口拍手に」（『葉隠』）かたるべきでなかった。言行不一致は虚偽を語るにひとしく、「甚だ可レ恥」（『山鹿語類』）である。「内々にては広言を云ひて、事に臨みて違却」（『葉隠』）するのは、空威張りをする武士、己を飾る武士としていやしめられる。だが特に、〝約諾〟の一言において武士は軽々になすべきではなかった。一度約諾した上は、いかに事態が変化しようとも、また何ものをもすてても、あるいは神仏が干渉してきても、武士の約諾の一言は守られなければならなかった。約諾を守ることは、自己の武士としての生命を守ることであった。「夫れ大丈夫は誠に一諾を惜しむ。区々の身は惜しむに足らず。」（松陰）である。『甲陽軍鑑』には、武田信玄が一片の弱みをも示さなかった武将であるとたたえてあるが、その実証の一つとして、一度包囲した城を、攻めおとさず、囲みをといて転進したことはなかったと語っている。一度決意したことを変更するのはその武士の弱みを語るものである。このような例を引くまでもないことであるが、武士が約諾の一言を重んじたのは、これらと同じく弱みをきらう武士の意地からであったのである。

約諾を重んずることは信義の問題とうけとられるであろう。信義がいかなる構造性格をもつモラルであるかは改めて考えられなければならないが、ともかく約諾は明らかに他者とのかかわり方の一つのあり方である。しかし、歴史的にみる時、武士が約諾の一言を重んじたのは、右にみたようにあくまでも自己の強み、意地とのかかわりにおいてであった。しかして、かかる歴史的背景をもつ約諾を重んずる姿勢が、明治以後において、近代的な契約観念をうけとる母体となった。例えば明治を代表する二人の思想家の書物、福沢諭吉の『福翁自伝』と内村鑑三の『余はいかにして基督者となりし乎』には、奇妙さを感ずるほど同じ調子で、彼らそれぞれが大工ととりかわした約束を、事情の変化にもかかわらず断然として履行したことを、ほこらしく、人間かくあるべきものとして語られている。武士的な約諾を重んずる精神がここに脈々と流れていると私はいいたい。ただ、ここに市民社会的な契約観念の出発があるという捉え方を私は躊躇する。武士の約諾観念を今日の観点からいかに評価すべきかの問題は、後日にゆずり、ここではただ過去とのつながりをのみとりあげておく。

ところで、武士の約諾に連関して思い出すのは西鶴の『武家義理物語』である。そこには約諾に連関する数々の説話がふくまれているが、今一例をあげれば「死《しな》ば同じ浪枕とや」である。これは道中息子を頼むといわれた武士が、大井川において、その頼まれた息子の水死という不幸に見舞われ、「我を頼むとの一言、其まゝには捨がたく」、「武士の一分立がたし」と、自分の息子を敢て水死せしめ、自らも出家した話である。即ちここには、頼むという一言に対して頼まれたと約諾した以上、武士たるものは全人格的に、いいかえれば生命をかけてもこれを守るべきであるという武士のモラルが説話として語られている。『武道初心集』は武士のこの「頼母敷意地」についてのべるところがある。頼母敷意地は勿論武士に好ましいことではあるが、人が是非と頼みもせぬことに差し出るのは頼母しだてで武士のなすべきことではないという。『初心集』は、頼み頼まれることが、武士にとっていかに重い意味をもつかということを説いてやまない。

「小事は不及言、たとひ如何様のむつかしき事たり共、武士の上におゐて既に頼むぞたのまるゝぞと申に至りては、我が身に引懸苦労に致し、せわにも不仕しては不叶、事の首尾によりては、主君親兄弟の為にさへむざと捨ぬ武士の一命をも其儀に懸りあいては是非なく相果し申すごとくの儀も有間敷にあらず。」

何故に武士はかくも頼まれるということを重くみなくてはならないのであろうか。それは一度〝頼まれた〟にもかかわらず頼み甲斐のない結果に終った時、つまり「首尾不合」に終った時、彼は言行不一致の武士となるからである。「不埒者という名取を仕り候」だからである。武士が〝頼まれた〟とうけてたつ限りにおいては、その〝頼まれた〟という一言はその武士の一分にかけて、金鉄よりも堅いものでなくてはならない。彼の命の重さよりもこの一言が重くなければならないのである。すでに武士の標榜した強みを理解し、強みとの連関で武士の詞の嗜を理解してきたわれわれにとって、この論理を理解することは容易であろう。蛇足になるが敢て一言すれば、強みを標榜する武士は、この頼み頼まれる場においても、その強みが崩されてはならなかった。しからば〝頼まれた〟と一言するにおいては、死を以てもこの一言を貫かねばならなかった。だから彼が〝頼まれた〟と一言する時、究極的には死が覚悟されていなければならなかったのである。

しかし、これだけで頼母敷意地の問題が終ったわけではない。『初心集』もこのように述べた上で、

「古き武士の義は、人に物を頼まれ候へば、是は成る筋、成なる筋と有義を勘弁仕りて、是は成まじきと存ずる事をば、最初より請負不レ申。」

という。『初心集』によれば、このように見通しを立て「遠慮勘弁」する武士がよい武士であり、見通しもなく軽々に頼まれるのは武士として好ましからぬ姿勢なのであ

る。正直にいって、われわれとしてはこのような武士の姿勢には〝計算〟が感じられ、好感をもってうけとれないものがあるが、武士の立場にたてば、この遠慮勘弁は死を覚悟した強みある武士のみよくするところであったのである。先に礼儀の正しさは強みの表現であり、死の覚悟ある武士にしてはじめて礼儀正しくあるということをのべておいた。礼儀は死の覚悟ある武士の、死の覚悟あるものにはじめて生れてくる遠慮の産物であると理解されていた。遠慮は、それが礼儀の正しさとなり、見通しを立て可能とみる時にのみ頼まれるという仕方であらわれる、死の覚悟ある武士にしてはじめてありうる遠慮であったのである。したがって、軽々に頼母しだてをしないこの遠慮勘弁の姿勢は、いわばその強み、死の覚悟ある武士たることを示すものに外ならなかったのである。

武士の立場に立って考えればこのようになるのだが、さらに一言つけ加えておきたいのは、遠慮は〝妻子を路頭に迷わすことにならないか〟などという極めて現実的な配慮をもふくむものであった。勿論かかる現実への配慮は、思い切るべき時があることを知っているが、だが可能な限りにおいて現実的な繁栄を武士は守ろうとした。死の覚悟とこの現実的願望は併存しうる。否、前にのべたように、覚悟はかかる願望をもちつつあるにもかかわらず、同時に心にきめるところがあるのが覚悟であった。現実的な願望と覚悟のからまりが遠慮となるのであった。したがって、死の覚悟のきびしさが失われればこの遠慮は打算に堕落してくる。『初心集』の「戒背語」などいささかその打算のにおいを感じさせるものがある。

5　理想としての非情

死の覚悟においても、道の自覚実現においても、我に勝つ＝克己に生きることを武士は理想とした。この克己は、単に私の欲望に勝つというにとどまらなかった。今死のいさぎよさを標榜する立場でいえば、結局生への執着につながること、つまり金銭的のこと、男女のこと、衣食住のこと、それらに心をうごかすことは生への未練を示すものであり、これらのもろもろのことに動く心に武士は勝たなければならなかった。しかし武士の克己は以上のことにとどまらなかった。自己制御の姿勢はさらに、すべての感情の動きを制御することを理想とするに至り、そこからいわゆる武士の非情の理想が形成された。しばらく一斎の『言志録』を材料として、強みの一つのあらわれとしての非情を考えておこう。

一斎の説くところによれば、人間の一切の妄念は外物と接するところにおこるものであった。「間思雑慮ノ紛々擾々タルハ外物之ヲミダスニ由ル。」したがって「常ニ志気ヲシテ劔ノ如クニシテ一切ノ外誘ヲ駆除シ敢テ肚裏ニ襲ヒ近ヅカザラシメバ、自ラ浄潔快豁ナルヲ覚ユ」ということになる。外は、一斎にとってこのように誘惑の世界であったが、さらにまた、彼にせまり、彼を辱しめるべくせまる世界でもあった。外誘を駆除するとともに、人は外からせまる辱しめに対してこれをはねのけなければならなかった。外誘と外からのわざわいをはねのける方法は、すでにのべたようにわれに勝つこと、敬《つつし》むことであった。このことにふれた文章は『言志録』のなかに数多くある。今その若干をひろえば次のごとくである。

「志有ル士ハ利刃ノ如シ、百邪辟易ス。志ナキ人ハ鈍刀ノ如シ、童蒙モ侮翫ス。」

「敬ヲ持スル者ハ火ノ如シ、人ヲシテ畏レテ之ヲ親シムベカラシム。敬セザル者ハ水ノ如シ、人ヲシテ押レテ溺ルベカラシム。」

「牧豎《ぼくじゅ》（牧童）モ腰ヲオレバ領セザルヲ得ズ。乳童モ手ヲ拱《こまね》ケバ亦タワムル可カラズ。君子恭敬ヲ以テ甲冑ト為シ、遜譲ヲ以テ干櫓ト為サバ、誰カ非礼ヲ以テ之レニ加ヘンヤ。故ニ曰ク、人自ラ侮ツテ後人之ヲ侮ルト。」
「甲冑ハ辱ム可カラザルノ色ナリ。人ハ礼譲ヲ服シテ以テ甲冑ト為サバ、誰カ敢テ之ヲ辱シメン。」
「自ラ欺カザル者ハ人欺ク能ハズ。自ラ欺カザルハ誠ナリ。欺ク能ハザルハ間《かん》無ケレバナリ。譬ヘバ生気ノ毛孔ヨリ出ヅルガ如シ。気盛ンナル者ハ外邪襲フコト能ハズ。」

ところでこのように敬を説き礼儀をとき、妄念を自らたつことを教えた一斎は、さらにすすんで、単に妄念ならず、善悪をとわず一切の心のうごきを制御すべきことを教え、これを「精神ノ収斂」という表現で示していた。

精神とは、「心ハ則チ我レニ在ルノ一大活物」「生々息マザルモノ」という心であり、また「宇宙ノ間、唯々コノ活動理アリテ充塞シ、万物之ヲ得テ性ヲナス」という内在する活動理である。ところで、この生々やまぬ活動理としての精神を、したがって放置すれば活動してやまぬ精神を、制御してみだりに動かぬようにすることが「精神ノ収斂」であった。

「草木ノ生気アリテ、日々暢茂《ちょうも》スルハ、是レ其ノ欲ナリ。其ノ枝葉ノ長ズル所ニ従ヘバ則チ欲漏ル。故ニ其ノ枝葉ヲ伐レバ則チ生気根ニ反リテ幹乃チ大ナリ。人ノ如キモ亦軀殻ノ欲ニ従ヘバ則チ欲漏ル。欲漏ルレバ則神耗シテ、霊ナルコト能ハザルナリ。故ニ欲ヲ外ニ窒《ふさ》ゲバ、生気内ニ畜ヘラレテ、心乃チ霊ニ身モ亦健ナリ。」

「精神ノ収斂」とは、このように活動理たる生気を外にもらさず、内に充実せしめようとするものである。しかして具体的には、「一物ヲ多クスレバ斯ニ一事ヲ多クシ、一事ヲ多クスレバ斯ニ一累ヲ多クス」という理解をふまえて、極力外物をおい、外物にふりまわされ、「多忙」のなかに自己を失う姿勢を制御することであった。再び彼の言葉を引けば、

「人ノ精神尽ク面ニ在レバ物ヲ逐ヒテ妄動スルコトヲマヌカレズ。スベカラク精神ヲ収斂シテ、コレヲ背ニ棲スベシ。」

である。

一斎は、われわれの言動は、常に「已ヲ得ザルニ」動くべきだという。事に処するにも「必ズ先ヅ心下ニ於テ自ラ数鍼ヲ下シ、然ル後事ニ従フ」べきだという。もしやむを得ざるを待たずに言動すれば、そこには必ず後悔がともなう。「若シ其レ容易ニ

紛更シテ快ヲ一時ニ取ラバ、外面美ナルガ如シト雖モ後必ズ臍ヲカマン」である。

さらにまた一斎は次のようにもいう。

「美酒膏梁ハ誠ニ口腹一時ノ適ニ過ギズ。既ニ腸内ニ入レバ則チ速ニ化シニ糞溺ト為ルヲ以テ快ト為シ、唯々ト留滞シテ病ヲ成スヲ懼ルノミ。何ゾソノ愛憎ノ忽チ変ズルコト然ルカ。人士ノ士女ノ愛憎ニ於ケルモ、亦此レニ類ス。」

愛情もそのおもむくままに発現する時には、ただちに憎に転化する。だが外への発現をおさえ、これを内にたくわえれば、憎に転化することのない愛へと深まるのである。それは才気煥発をおさえることによって真の聡明さがえられるに等しいのである。このようにして彼は、

「面ハ冷ナランコト欲シ、背ハ煖ナランコトヲ欲シ、（胸ハ虚ナランコトヲ欲シ、腹ハ実ナランコトヲ欲ス）」

という。すなわちここに標榜されているのは、私がここでとり上げようとする〝非情〟の姿勢である。非情は無情ではない。

面が冷からんことを欲する非情の人間に対して、人々はなれなれしく近よることは出来ない。その隙が彼にはない。彼は畏敬すべきものとしてある。彼に親しむことは

出来るが、彼の前で姿勢をくずすことは出来ない。しからば非情は、〝卓爾とした独立〟、またその強みとともにあるといわなければなるまい。

なお、このような自然の情の流露を抑圧する姿勢からは文学芸術は生れえないであろう。遊び楽しむ、姿勢も生れえないであろう。町人出身の西川如見が、再び生れてきても武士に生れることは甚だ迷惑であり、武士の窮屈な生活よりも、生活を楽しむ町人の生活を好ましいものとしたことが思い出される（『町人嚢』）。あるいはまた、

「スベテ世ノ武士ノ心持ト云フモノハ、大形偏急狭迫ニテ、万事ヲ手ドリ早ク仕舞ヒ油断セズツイ物ヲ埒ヲ明ケテノクヤウニトバカリシテ、寛雅優美ナルコトヲ生温キコトト思フ云々」

とした堀景山の『不尽言』の言葉を思い出す。堀景山は本居宣長が青年時代儒学を学んだ師であるが、景山のこの武士批判は本居において強力におしすすめられた。本居が、人間の「実情」の存在を主張し、実情をうたう和歌の世界の独自性を発見し、儒教的武士的な生き方をこの実情の世界を否定するものとして捉えたことは周知のところである。実情をのべることを大丈夫の業としない武士は文学の世界には縁のない存在であった。

五、卓爾とした独立

1　手の外なる大将

前章においては武士の強みを中心に考えておいた。武士の強みを理解するには、武士が勝負の関係、そして心構えとしては勝負の構に生きていたことを、まずおさえなければならないことを指摘したつもりである。したがって、武士が一個の武士らしい武士としてあることは、この勝負の世界に伍して、おくれをとらぬこと、つまり負けをとらぬことであった。おくれをとることは武士からの落伍脱落であった。このようにみてくれば、武士が〝自己〟を問題にする時には、一般に対峙的な人倫観が前提されていたということになろう。そしてさらに、その〝自己〟の把握にこの対峙的な人倫観が反映し、その自己把握を性格づけていたといえよう。本章では武士の自己把握の性格をとりあげようと思うのであるが、具体的には、彼らが標榜した一個の武士としての〝卓爾とした独立〟の性格を考察する。その対峙的人倫観はこの卓爾とした〝独立〟に反映しこれを性格づけているのである。卓爾とした独立の標榜は山鹿素行においてはっきりあらわれてくる。しかしまたこの独立の精神は幕末の志士たちの独立自尊、独立不羈につながり、さらにいえば福沢諭吉らのいう独立の精神にもつながるところがあると私は理解する。勿論、この独立は、近世の武士において素行らを通してのみあらわれてきたのではなく、武士社会に一般的に流れたものである。本章では素行の考察に紙面を多くさくつもりであるが、なおこれまでとりあげてきた『軍鑑』以下の書物を材料にしてこの問題を考えることにする。すでにのべたことと若干重複する点もあるが、また全体の綜括という意味も本章にもたせたい。

さて先にのべたように武士はおくれ・負けをきらったが、この考え方が徹すると、何らの負け味をものこさぬことを理想とすることになる。勝利を求めることにかわりはないが、何らの負け味をのこさぬ勝ちを理想とすることになる。『甲陽軍鑑』は、武田信玄という武将がいかにすぐれた武将であったかということをうたい上げた書物であるが、そこにえがかれた信玄は、まったく負け味をのこさぬ大将であった。まず信玄が天下の覇者となりえなかったのはその病死の為であり、病死は二物を与えぬ天のなした業であったという。天は、武勇のすぐれる者には不運を与える。武勇と運との二物を一武将に与えることがないと考える。この論理から、信玄が中道で挫折したのは、彼の敗北ではなくまさに彼が負けを知らぬすぐれた武将であることを逆に実証するものであった。『軍鑑』はこのようなお膳立てをした上で、さらに彼の一生がいかに負け味をのこさぬものであったかを説くのであった。信玄は、一度敗北しても次の戦いに勝てばよい、最後の勝利をおさめればよいという考え方をとらなかった。彼は一戦一戦の勝利を求め、一つの敗戦はそれ自体消しがたい汚点として歴史に刻印されると考え、一生をこの勝利を以て貫いた武将であったという。一度も敵に背をみせなかったのみでなく、彼はまた「若き時分より、他国の大将をたのみ、馬を出させ、両旗をもって、弓矢を取たる事一度もなし」、「まきたる城をまきほぐしたる事一度もなし」、「味方の城を一つも敵に取りしかれたる事なし」、「甲州のうちに城郭をかまへ、用心する事もなく屋敷がまへに罷在」、「おひうちに味方をうたせ給ふこと、一度も(なく)」、人質を出したこともなかったという。『軍鑑』の作者がこのように熱心に信玄をえがくのは、信玄がいかに負け味をのこさぬ大将であったかということをいう為である。一度包囲した城をまきほぐして転進するのは、いかに作戦であっても攻略しきれなかったという負け味をのこす。他の力をかりるということは、独力では敗北するかという負け味をのこすからである。

ところで『軍鑑』は、大将は「手の外なる大将」でなければならぬという。敵の

「手の内」にある大将とは敵にその作戦をよみとられた大将であり滅亡は必至である。がまた部下の「手の内」にある大将も、滅亡は必至である。部下の「手の内」にあるということは佞臣に心の内がよみとられ、佞臣の手の中にあり、その思うがままに動かされる大将である。『軍鑑』が強調したのはむしろこの後者であり、『軍鑑』中の白眉ともいうべき「命期巻《みようご》」は、つまるところ佞臣の手の中にあり、わが国をほろぼし家をやぶる四つの型の悪大将をえがいたものである。

ところで、信玄は「下々にてつもる事、少も成がたき大将」であった。「手の外」に卓爾と立つことは、我儘気儘であることによってなるものではなかった。我儘気儘はまさに一つの佞臣のつけ入る隙であり、「手の内」であるにすぎない。『軍鑑』によれば、道理非是非善悪の分別をもち、その分別をもって立つ大将が「手の外なる大将」であった。

『軍鑑』は武士を上・中・下・人並の男・本当に臆病な武士に分ける。並以下は論外として下の武士については、上中の人に目をつけてそのあとを「つきそひまはる者」という。中の武士は、「人の上に負けまじと」馳り廻る武士である。これに対して上の武士とは、「人にも一円構は（ず）」、自分の働きを自分の分別をふまえてする武士である。このように、『軍鑑』は他に左右されず、自らの「ふまえどころ」をもってたつ武士を高く評価する。このように一般武士に対しても国持大将に対しても、「ふまえどころ」あることがまず要求される。しかして、『軍鑑』が国持大将に求めたのは自らの道理非の分別をふまえて立つことであった。この時、その大将は「手の外なる大将」として人々の前に卓爾として立つ大将であった。『軍鑑』に素朴にえがかれたこのような武将の理想像を、読者がこれから後にも思い起こされることを私は希望する。私はここにいわゆる〝独立の精神〟なるものに結晶してゆく源をみようとするものである。

信玄は国持大将であるが、この姿勢はまた主君をもつ武士一般の理想でもあった。たとえば『葉隠』においてもこのことは理解される。葉隠武士の姿勢の基本が勝負の構にあったことは、今さら説明を加える必要もあるまいが、勝ちうかぶ心・上手をとる心・強みなど、その標榜した徳性の一、二をあげただけで十分であろう。ところで他に協力を求めず一人立つ『軍鑑』における信玄の姿勢は、ここでは次のような形をとって現われている。

「何事も人よりは一段立ち上りて見ねばならず。同じあたりにくどつきて、がたひしと当り合ひになる故、はつきりとしたる事なし。」

この文章はここの引用としては余り適切ではないが、くどつきて、がたひしと当り合う生き方を否定して、はっきりとすべきだということに注目してもらいたい。ところで、この生き方を具体的にいえば「小身者とて人より押し下さるるは無念」・「奉公の至極の忠節は主に諫言して国家を治むる事なり。下の方にくどつき廻りては益に立たず。」ということになる。しかしてさらにこの精神は、「御家は我一人して抱き留め申す。」・「殿の一人被官は我なり。武勇は我一人なり。」・「一口に申さば御家を一人して荷ひ申す志出来申す迄に候。」という考え方となってあらわれてくる。『軍鑑』のふまえどころの強調に対応するものは、「死ぬ事と見付けたり」であり、「唯今、一はまりはまれば究意の御家来出現するなり」である。一はまりはまりこめば、最早他にころばされることのない自己を支配し独り立つ武士が出現するのである。

『葉隠』は、封建的主従関係のモラルを説くものと思われているが、このように強烈な個の主張があった。『軍鑑』における国持大将としての個の主張とこの『葉隠』の個の主張は、形はかわるが武士的な個の主張としてはつながるものがあり、さらにその個の主張はうけつがれていく。どのようにうけつがれて行くかというのがわれわれの問題である。なお、私は『葉隠』に個の主張があったといったが、『葉隠』が封建的主従関係における武士を問題としていたことは否定しえない事実である。したがってこの個の主張と封建的階層的秩序のかかわり方の問題をわれわれはさけて通ることは出来ない。そこで次に山鹿素行をとりあげ、その個の主張を問題とし、個の主張と封建秩序とのかかわり方をもとりあげて行こうと思う。封建秩序とのかかわり方を問題とすること自体、武士的な個の主張の性格を解明する一つの手懸りを与えるものである。

2　大丈夫の気象

山鹿素行は、『軍鑑』の著者とみなされる小幡景憲を軍学の師とする近世における武教的儒学の第一人者である。

素行によれば、武士は人倫の指導者としての自覚がなければならず、その自覚をふまえて自ら道義的人格を形成しなければならないという。彼はその道義的人格を大丈夫という。ところで大丈夫たらんとする者は、気を養い心を存すべきであるという。

気とは精神の活動性ともいうべきものであるが、その大丈夫としてのあるべきあり方は、度量・志気・温藉・風度であった。しかして、大丈夫のこれらのあり方を貫き、大丈夫の気象としてかかげるところは、すでにのべたように、卓爾とした独立である。素行はこの〝卓爾とした独立〟という表現を愛用する。われわれは〝卓爾とした独立〟の内容を明らかにしなければならない。

気は至大至剛でなければならなかった。至大至剛とは「能く万物の上に伸びて物に屈する所」（『山鹿語類』以下同）がないことである。卓爾として独立するとは、基本において、このように大きく強く外界を支配して外界に支配されぬことなのである。ところで各論としてまず度量をとりあげれば、度量は「胸中に天下の万事を容れて自由」であることであり、その力量としては「天下の大事をうけて大任を負う」能力として働くという。天下の万事を容れるということは、一事一物にとらわれることからの自由、一事一物に対する利害好悪からの自由であった。彼のいう「卓爾とした独立」は、かくてまず些事・利害好悪からの自由であり、事の大本大源に生きることであり、天下の大任を引きうける姿勢と力量に生きることであった。志気は志のもち方についていうものであるが、卓爾として独立する大丈夫は、小成小利に甘んずるところがない。温藉は「顔色を和らげて下を和す」ことである。「度量志気よく万物の上に卓爾たる」者は功を立て名を求めるところがない。しからば人と争って「忿厲」するところなく、なさけ深くあるゆとりをもつ。温藉は卓爾たる武士のゆとりを示すもので、卓爾たることの一つのあり方である。風度は、衣服飲食居宅言語動作のいやしからざる風流なあり方である。いやしからずというのは生死利害名利にかかわらないことである。戦のさ中、熾烈なその闘争をはなれて塩を送った上杉謙信のあり方は風流である。戦を前にして、今日の討死を前にして茶・能・歌を嗜むのは死に直面した現実をこえるところがあり、武士の風流の最たるものである。この意味の風流風度はこれまた卓爾たる大丈夫のあり方なのである。

以上の度量・志気・温藉・風度は、外にはたらきとしてあらわれるものであるが、かかる外形を通して形成され、またかかる外のあり方を確立せしめる内面の確立、それを素行は心を存する修行ととらえた。内面性にかかわり彼がとくところは、まず情欲に微動だにしない内面の自己の確立である。卓爾性はまさにここにその根底をふまえることによって形成される。しかし情欲に微動だにしない自己は天命を知り天命に安んじてはじめてなる。天命に安んずるところがあって道義に生きる強さが獲得される。大丈夫の卓爾たる独立は、まさに道義を自らふまえ、自ら情欲に勝つところに形成されるのである。

しかし、素行において大丈夫たることはこれだけでは完成しない。卓爾性は行為の中に形成されるものであるが故に、行為の場・事物に通じていなければならない。通じえないものがあれば、現実的には、物に屈することになり自由たりえない。事物を詳にきわめ、才力を養うこともまた大丈夫たるの要件であった。

このように素行において、武士が大丈夫として卓爾として独り立つことは、自ら道義をふまえ毅然と立ち小利小成にかかわらず、外界に支配されず外界を支配し、天下に道義を実現する大任を自負し、しかもゆとりをもってあることであった。強みを述べたところをここに思いあわせれば、それは、かろがろしからずおごそかにして畏敬すべきものとして人の前に立つこと、武士社会に伍することであった。

3　草莽崛起論

以上の考察をもって、ニュアンスのちがいがあっても近世の武士が卓爾として独り立つことを理想としたことは、明らかであろう。ところで、このような自己主張と封建的な階層的秩序との関係が次に問題になる。またこの問題を考えるには、封建社会の上下関係における倫理を理解することからはじめなければならない。

上下関係における生き方としては、素行にかぎらず、近世の儒教思想には二つの考え方があった。その一つは君父を是非の間におかずということである。その二つは諫言がいれられなければ去るという考え方であった。是非の間におかずというのは、君父は批判の対象にすべきでなく、よくもわるくも君父にしたがうことが臣子の倫理だという考え方である。この考え方は君臣の情的結合を標榜する『葉隠』的な君臣関係に通ずるものがある。『葉隠』において、君を諫めることは奉公の最高なるものであった。しかし、諫めても容れられない時には、君の悪を自分の悪として引きうけることが忠臣の生き方であった。これに対して後者は、君を諫めても容れられず、その君がもはや道を実現する為政者としての資格を欠くと判断した時には、その君をさり他の君に仕えるのが武士の道であるという考え方である。前者においては上下の分が道のすべてであり、分に生きること以外に道の実現を考えぬという立場である。後者においても分を否定するのではないが、ここでは分は道の一節であり、士の任とすべき道の実現とは天下に道を実現することであると理解される。素行は前者に生きる姿勢を「義」と呼び、後者を「王」と名付け、義は一般武士の生き方であり、大丈夫たらんとする者の生き方は王にあると理解した。

素行はこのように大丈夫の道としては「王」をとった。しかしこれで問題はすべて解消したわけではなかった。時の流れとともにこの「王」の立場のはらむ問題性がさらに表面におし出されてきた。つまり武士はいかに下級の武士も武士である限り、儒教的士道論の立場では、天下に道を実現すべき人倫の指導者であった。彼らは自ら道を修め天下における道の実現に参与すべきであった。しかしその参与は直接的でなく上位者を補佐する仕方においておこなわるべきものと考えられた。ここに上下の分の思想が働いていた。ところで太平の時代には、すべての武士が一個の人倫の指導者であるという意識と分の思想はあらわな矛盾を示さなかった。素行においても「王」の立場としてこれが調和あるものとして理解されていた。しかし幕末の変動期をむかえるにおいてこの矛盾は露呈してきた。一般武士の意識が高まるにしたがい、分をふむ手続をとることは、現実的に指導者としての任務の放棄につながると思われてきた。しかし、分の思想は生きつづけており、幕末の志士の思想を支配した水戸学は、依然として分を守るべきことを強調した。だが周知のようにその幕末のぎりぎりの時点において この水戸学は吉田松陰の草莽崛起論によって否定された。松陰は、

「義卿義を知る、時を待つの人に非ず。草莽崛起、豈に他人の力を仮らんや。恐れながら天朝も幕府も我が藩も入らぬ。只六尺の微軀が入用。されど豈義卿義に負く人ならんや。」

と叫んだ。勿論、この言葉にあるように松陰は幕府の存在も藩の存在も本質的に否定してはいない。松陰はただそれらの力をかりず、自分の力のみをたのんで事をなすと決意するのであった。いわば松陰は幕府や藩を否定したのではなく括弧に入れたのにすぎない。彼は徳川や、特に藩主の恩を感ずる心を十分にもっていた。しかし、彼は日本全体の安否を思う時、上下の分にこだわりつづけることは出来なかった。松陰にとって価値の頂点にたつのは日本の運命であり、時に幕府にはそむくべく、時に藩主は無視すべく、しかし日本の安否は座視すべからざるものであった。万民の安穏の実現に責任をもつ一個の武士としての意識は、このような価値序列観をふまえたこの決意として崛起となったのである。松陰のこの論理は、佐藤一斎の「人君ハ社稷ヲ以テ重シトナス。シカレドモ人倫ハ殊ニ社稷ヨリ重シ。社稷ハスツベシ、人倫ハスツベカ

ラズ。」（『言志録』）にもうかがえる。また福沢諭吉の「日本国と諸藩とを対すれば、日本国は重し、諸侯は軽し、藩を廃するは猶腹の背に替えられざるが如く大名藩士の禄を奪うは鮪を殺して鶴を養うが如し。」（『文明論之概略』）にもあらわれている。いわゆる封建的秩序を正面から否定するのではなく、松陰に示された価値序列観をふまえた決断という姿勢が維新を貫いた一つの論理であったことが明らかであろう。

さて、以上約三頁にわたる分思想をめぐる考察はいささか主題をはなれた感があるが、私がいいたかったことの一つは、草莽崛起をおし出したものは、すでに『軍鑑』・『葉隠』・山鹿素行にみて来た近世武士の武士なりの個を主張する精神であるということである。

松陰が武士であることはいうまでもないが、彼が武士として成長する過程において師としたのは素行であり、素行のとく大丈夫の精神が松陰にうけつがれたことを疑うことは出来ない（もっとも私は、素行との関係によってのみ武士松陰が形成されたとは考えてはいない）。

「大丈夫自立の処なかるべからず。人に倚つて貴く、人に倚つて賤きは大丈夫の深く恥るところ」（『講孟余話』）

と松陰はいう。これは人の引き立てによってではなく、武士たるものは自己の実力・実績によって世に立つべきことを述べたものである。〝ありのまま〟の精神につながるといえよう。彼はまた「今日に在て此道を起隆せん者は此道の先馳也。異日に至て此道を保守せん者は此の道の後殿也。(略)已に先馳を憚り、又後殿を譲らは屍上の恥辱」ともいう。松陰はまた〝おくれ〟をきらう武士でもあった。同じく幕末の志士である橋本左内が、気を「人に負けぬ心立てありて、恥辱のことを無念に思う処より起る意気張」と説明しているが、志士たちもまた〝おくれ〟をきらう武士であったのである。おくれをきらい自己の実力を以て世に立たんとした松陰は、さらに、

「神州を以て自ら任じ、四夷を撻伐せんと欲す。人に向つて是を語れば駭愕せざるはなし。然れども此章を以て益々自ら信じて断じて疑はず。」

「今吾輩断然自ら任ぜずんば、何ぞ後世に待つことを得んや。」

「今や聖や賢を貴ぶ人なく、又自ら貴ぶ人なきは古今の変革。」

と、天下国家を自己一個の双肩に荷い立たんとする松陰であり、またその自信をもち、そのような自己を自ら愛し重んじ貴ぶべきものとする松陰であった。さらに松陰は、

「大抵国家天下之事、必ず吾を待つて然る後局を了する様なれば、其人能く自立すと云ふべし。」

という。ただ天下国家の事を自己一個の双肩に荷おうとする姿勢のみでなく、彼はよく荷い切ることを求める。しかして荷い切りえた者にしてはじめて、真に他に倚らず自己の力によって立つ武士といいうると考えた。未だ局を了するに至らざれば、自立した武士といえないというのである。

さて、このような松陰が、後に草莽崛起にふみ切ったのである。彼はその時他人の力をからず、「只六尺の微軀が入用」という。あるいはまた「うぬぼれながら吉田義卿神州の為めに自愛すべし」・「自重せねば大事はならぬ」、「義卿随分自ら頼む所なきに非ず。（略）是義卿が死すべからざる所以なり」ともいう。いよいよ自らの力を自負し、自らをのみたのみ、国家を抱きとめようとするのである。

草莽崛起は先にのべたように、幕府・藩つまり分の秩序を括弧に入れることである。しかして分の秩序を括弧に入れしめたものは、自らをのみたのみ天下国家を以て自ら任ずる大丈夫の精神、卓爾として独り立つ精神の高揚である。

われわれは、このように大丈夫の精神の高揚が、草莽崛起を決意せしめたことを認めなければならない。しかし、元来、大丈夫の独り立つ精神は、絶対的個の主張ではなく、社会の中に生きる個人としての、他者におくれをとらぬ者としての自己主張であり、内容的には、その自己及び他者の属する社会の運命を自己一人の双肩に荷って立つという方向をもつものであった。松陰が草莽崛起にふみ切ったのも「今迄の処置遺憾なきこと能はず、夫れは何かといふに政府を相手にしたが一生の誤り」という反省のごとく、また、「他人の力を仮らんや」として「天朝も幕府も吾が藩も入らぬ」というごとく、松陰にとって天朝も幕府も藩も他者として捉えられて来たからである。大丈夫にとって他者は抹殺すべきものでなく、その力をたよりにすべきものではなかった。武士の大丈夫たる独立の精神の高揚が分の秩序の否定ではなく括弧に入れるという仕方にあらわれたのはこの為である。天朝・幕府・藩主を他者と捉え、これを括弧に入れたということの歴史的な意義は大きい。しかし、武士の個の主張は、他にまけず他の力をかりず、ただ自己のみの力を以て、自他をつつむ社会（それは藩でもありうる）の運命を荷って立つという構造を以てあらわれるものであった。私が本論で特に注目したいのはこの点である。

幕末においては、松陰ら時代の尖端を行った志士たちからは保守的な儒者とされた

佐藤一斎においても、

「士ハ独立自信ヲ貴ブ。」

「士ハ当ニ己ニアルモノヲ恃ムベシ。」

「凡ソ人ハ頼ムトコロアリテ、シカル後、大業ハカルベキナリ。」

「動天驚地極大ノ事業モ亦スベテ一己ヨリ締結ス。」


の言葉がある。武士に流れてきた独り立つ精神の幕末における高揚はこのようにみるべきものがあったのである。

4　明治の「独立の精神」

明治において「独立の精神」が叫ばれたことは周知のところであるが、これまでのべてきた武士の独り立つ精神と、この明治の独立の精神とがいかに連続し、いかに非連続であるかが次の問題である。もっとも、私にはこの点を十分にとりあげる準備がないので、ただ、概略的な見通しをのべるにとどめる。

独立の気風・精神の鼓吹者として福沢諭吉は余りにも有名である。そこでここでもまずこの福沢からとりあげることにする。
晩年の『福翁百話』によってみれば、彼の心情が武士と深くつながることはあらわである。

「今や封建の制度は廃したりと雖も、子供の養育に付ては、家風を重んずること昔年の武家の如くにして、始めて品格を維持して誤ることなかるべし。」

しからば、彼がここにいう武家の家風なるものがいかなるものであるかといえば、

「自家の家風を一種特別のものとして、恰も自信自重の城郭を構へ、周囲の陋習をみながら下流社会の常態とみなして歯牙にかけ（ず）。」

である。家風ということそのものが、おらが城郭にたてこもる姿勢において形成される。福沢家の家風の具体的内容よりも、家風そのものをかかる姿勢において形成されるとみることの方がより重大である。重複するが、さらに『福翁自伝』より同じ問題のところを引いて説明を補足しよう。

「私の若い時は如何だと申すに、中津に居たとき子供の時分から成年に至るまで、何としても同藩の人と打解けて真実に交はることが出来ない。本当に朋友になつて共々に心事を語る所謂莫逆《ばくぎやく》の友と云ふやうな人は一人もない。世間にない

のみならず親類中にもない。と云て私が偏屈者で人と交際が出来ないと云ふではない。ソリヤ男子に接しても婦人に逢ふても快く話をして、ドチラカと云へばお饒舌《しやべ》りの方であつたが、本当を云ふと表面ばかりで、実は此人の真似をして見たい、彼の人のやうに成りたいとも思はず、人に誉められて嬉しくもなく、悪く云はれて怖くもなく、都て無頓着で、悪く評すれば人を馬鹿にして居たやうなもので、仮初にも争ふ気がない其証拠には、云々」

「無頓着」という言葉を『自伝』の福沢は好んでしばしば用いるが、その内容はこの引用し示されるごときものであり、彼の他者に対する姿勢を象徴的に示すものである。ところでこの青年時代の思い出は、彼にとって自ら批判すべき思い出ではなく、晩年の彼のえがいた理想の姿勢につながる。『百話』の「独立は吾れに在て存す」の一節に、

「独立とは、（略）唯深く心の底に蔵めて自から守るまでの主義にして、其心の寛大なるは大海の物を容るるに異ならざれば、人に向て多くを求めず、人は人たり、我れは我れたり、苟も人の来りて直に我独立を妨げ又これを妨げんことを試るに非ざれば、悠々として交ること甚だ易し。」

というところは、先の「無頓着」の姿勢とどこがことなるであろうか。しかして、彼はこの一段を、さらに、

「唯真実の武士は自から武士として独り自から武士道を守るのみ。故に今の独立の士人も、其独立の法を昔年の武士の如くにして、大なる過なかるべし。」

と結ぶのであった。福沢の独立が、深く武士のそれにつながることを、われわれは最早否定しえない。

ところで、福沢の独立を内容的にみれば、まず「人には自重自信なかるべからず」である。がこの独立心をして真に独立の実を得せしめるものは経済的独立である。他人の厄介をうけず、自分の生活を自分の身に引きうけ、自分の力で衣食することである。彼は武士が封建君主に養われたのに対して、文明の士は君主父母をもふくめた他人の力によらず自己によるべきであるという。このように経済的に独立してはじめて、「我が思う所をいい」「行う」ことも可能になるというのである。精神的独立の背後に経済的独立を問題にするところは福沢の新しさではあるが、その基盤の上に説くいわば精神の独立は、

「本心に愧る所を犯して他に屈することを為す可らず。」

「一片の独立は生命よりも重し。」

「他におくれをとらずして、頭角をあらはすは男子のこと。」

のように武士のそれにつながる。福沢の独立の気風は、先にのべたように武士的な家風の中で形成されるものであったから、その独立がおらが城郭にたてこもる底の姿勢によって裏打ちされ性格づけられたものであったことはいうまでもあるまい。対峙的人倫観をふまえた武士の独立と福沢の独立に一面深くつながるものを私が認めるのはこの点である。

以上は晩年の福沢を対象として考えたものであるが、さらに初年の著書『学問のすすめ』を材料として一、二の考察をつけ加えておこう。

『学問のすすめ』において、一身の独立とは、その「権理通義」（ライトの訳）を遂げること、実現することであった。具体的にいえば「人々其命を重んじ、其身代所持の物を守り、其面目名誉を大切にする」ことであろう。彼は独立を「自分にて自分の身を支配し、他に依りすがる心なき」ことであるという。さらにくわしくいえば「自ら物事の理非を弁別して処置を誤ることなき者は他人の知恵に依らざる独立なり」、「自ら心身を労して私立の活計を為す者は他人の財に依らざる独立なり」となる。他人の知恵財産によることは「自分にて自分の身を支配」することでなく「他人に支配される」ことを意味する。他人の力で自己の権理通義を守ることは独立の欠如なのである。

ところで、自己の生命・財産を自己自身で守ることと面目名誉とはどのように関係するのであろうか。一見、先の引用には生命・財産と名誉とが並記されているかのごとくであるが、これは単なる並記ではなく、自分の生命・財産を自分自身で守ること、つまり権理通義を犯されることなく実現することが面目名誉の形成となるという意味であろう。自己の命を重んじ財を守ることが、面目名誉を大切にすることなのである。このように考えると福沢は武士と同様、面目名誉を重んじたことになるが、ただその内容は、死のいさぎよさでもなく道義の実現でもなく、権理通義の実現、生命財産における主体性の確保に面目名誉をみたのである。しからば福沢はそのふまえるところのものにおいて武士と異なる。だがそれをふまえて立つ立ち方において武士につながるものがあるといえないものであろうか。ふまえるものにおいて福沢は武士と非連続であるが、ふまえて立つ立ち方において連続的であるといえないものであろうか。〝独立〟においても、この二面において武士との連続非連続が理解されるのではないないであろうか。彼が単に独立といわず、しばしば「独立の気風」・「気象」・「気力」という時には、多くこのふまえて立つ立ち方を問題にするのであって武士的なものとの連続性を顕著に示してくるのである。

『学問のすすめ』第三篇の二は「一身独立して一国独立する事」をとりあげている。この「一身独立」が、右に考察したところをその基本的な内容とすることはいうまでもないが、われわれは彼の独立の理解につけ加えなければならない新しいものを発見する。

「独立の気力なき者は国を思ふこと深切ならず。」

という理解に私は注目する。国家の存亡が自分の問題であるにもかかわらず、これをただ他者にのみまかせる姿勢がここでは批判されている。自分で自分を支配しようとする者は、自分でもある国家を「自分の身に引きうけ」て守ろうとする。人々がこのように国家の存亡を自分に引きうければ国家の独立は確保されるであろう。だから「一身独立して一国独立する」のである。私はこの「自分の身に引きうける」姿勢を重視したい。独立の気象をもつ者は、国家を自分の身に引きうける。国家を自分の身に引きうける姿勢を欠く者は、実は独立の気象に欠く者である。

われわれはすでに理解してきた天下国家を自己の任とする武士の独立自立とこの福沢との深いつながりを指摘しなければならない。しかしてそのことはまた、個人と国家のかかわり方において武士と福沢に本質的な断絶がないことを認めざるをえない。福沢はさらに、独立の気力なきものは「人に依頼す」、人に依頼する者は「人を恐る」、人に恐る者は「人にへつらう」、人にへつらう者は「恥ずべきを恥じず、論ずべきを論ぜず」、「ただ腰を屈す」。しかしてすべて「賤し」く、ただ「柔順」であり「無気力無力の鉄面皮」であり、「無理としりながら大なる損亡をうけ、大なる恥辱をうけ」る「臆病神の手下」であるという。あるいはまた、「きたなくも」、「他人の名目を借り、他人の暴威に依て」悪事をなす「卑怯」であるともいう。さらにはまた「御殿女中」的「怨望」を悪徳の根源とし、理の為には「一命をも抛て争ふべきなり」ともいう。これら権理通義の実現の仕方において、福沢における武士との連続性はもはや否定すべからざるものがあろう。

晩年において昔年の武士の家風をあこがれただけでなく、『学問のすすめ』においても、独立の気力の欠如を「平民の根性」「町人根性」とおとしめていた。時に武士に対して批判的な言辞を弄することがあったとしても（『文明論之概略』）、本書の観点からみる時、彼が生涯を通じて武士の子であったことは間違いがない。
さて、もう一人、内村鑑三をとりあげておこう。彼のキリスト教は武士道的キリスト教といわれ、自ら「正に一人の武士の子たる余」という。しかして、

「正に一人の武士の子たるの余に相応はしきは、自尊と独立である。権謀術数と詐欺不誠実との嫌悪者たることである。」（『代表的日本人』）

という。彼のキリスト教は、この武士道なる砧木《だいぎ》に接木されたものであることを、彼は誇らしく認める。

鑑三は、彼らが青年時代自らの手で設立した札幌教会が外人牧師からの負債を完全に返済し終った時のことを『余は如何にして基督者になりし乎』に書いているが、それは、我等は今や誰に対しても何ものをも負わぬ身となったということであり、この意味で札幌教会はこの日に独立したということである。鑑三はこの独立の意味を説明して次のように書いている。

「自分自身に頼ることを知っている者のみが、自分が実際に幾何のことを成し得るかを知っている。依頼の人は此の宇宙に於て最も頼りなき存在である。独立は自分自身の能力を意識して其れを実行するにある。余は信ずる此れこそ人間の活

動場裡に於ける他の多くの可能事を実現せしめる端緒であると、此れが如何なる種類にであれ独立に対するもっとも深切な又最も哲学的な見方である。」

と。ここにしるされていることは簡明でありもはや解説の必要をみとめない。ただ一つ、註記すれば、彼の場合、自己自身の内にある力とは神の与えたまいしものであり、したがって彼の独立を支える自負は、神への死を通して得られた自負である。しかしこの点においても、武士の独立が、天との合一においてははじめて得られたものであることを考えておく必要がある。一斎が「まさによくその身を忘れて、身真に吾有とならん」といったことはすでにのべたところである。ここでは別の事例を引いておこう。

水戸学の藤田東湖に『正気の歌』なるものがあり「天地正大の気粋然として神州に鍾《あつま》る。秀でては不二の嶽となり巍々千秋に聳ゆ」という。しかして、松陰は「浩然の気本是れ天地の間に充塞する所にして、人の得て気とする所なり。故に人能く私心を除く時は至大にして天地と同一体になる。」という。武士といえ、何らか自己をこえるものと一体となることによってその独立がえられるとなすことにおいて鑑三と特に変わるところはない。今までこの点にはっきりとふれる機会がなかったので、つけ加えておく。

ところで彼の独立教会につぐ無教会の主張と連関して、私はヨーロッパのキリスト教の歴史において「新約聖書」の編纂決定に数世紀にわたる努力がつづけられたこと、一方には熾烈な宗派的対立を行いつつも、なお他方にこのような一致点発見の努力が放棄されなかったことを思うのである。鑑三の無教会、独立教会の主張には、このヨーロッパのキリスト者にみられるごとき姿勢はない。彼の目にはヨーロッパのキリスト教の歴史と現実はただおそろしい闘争であり、彼はただそこから自己を守ることを求めた。それぞれの教派はそれぞれ一つの真実をもっているという寛容と、自己もまた真実にふれている——それは僅かにその一角であるかもしれないが——という確信によって渦中の人となることをさけた。私にはこの姿勢と武士の他者に対する姿勢との共通性が感じられる。武士は他者を武士として遇すべきことを教えられた。臆病未練の者のみが他者を辱しめる。心ある武士は他者を一人の武士として敬し、礼儀正しくあった。心ある武士は他者を敬し、また自己を守った。それはいいかえれば我は我なり人は人なりの姿勢である。「この世には自分とちがった意見もあろう。しかしそれらはわがものではない。ゆえに自分はそれらについて責任を持たない。われをしてわが知るところを重んぜしめよ。その他のことに触れしむるなかれ」という鑑三の姿勢は、この武士のそれにつながるものであろう。武士の対峙的人倫観とのつながりを考えることによって、彼のこの姿勢の理解は少なくとも容易になる。

ところで、明治七年、島邨泰の『立会就産考』に、

「士族一般の気象習俗に於て協力結社するをば肯ぜざるを必す。何となれば（略）夫れ武を講究するや対敵勝敗を争競するの事、家禄の供給あるや、曽て他人に依憑するを要せず。故に一家は自から一家の特例を尊守する者あり。此習ひ性となり、今恒産を興さんとするも、其営業の着目は、茫々方向を得ざるも、又他に依り他に結びて協力するを欲せず。故に農をなし商をなす、必ずや独立独断非常の利益を得て他に誇らんと欲するのみ。」

とある。武士的な人倫観、そしてその独り立つ精神が株式会社を運営する精神といかに齟齬するものであったかが明らかである。しかしこの著者もまた、「士族の気象習俗独立独断して他に依らざる者、将来民権振起し開化進歩するの元質也」という。株式会社運営の精神、ひろくいえば市民社会的精神の欠如を先に指摘した著者が、後者では、何らその反省をもたぬものの如く発言している。畢竟この著者も、士族のうけ

ついだ武士の独立の精神に対する本格的な反省を欠くものといわざるをえない。武士的な対峙的人倫観をふまえた独立の精神は自覚的に克服されなければならない。自覚的に克服されない限り、近代的な市民社会的な横のつながりは、日本人のものとなってこない。この百年間、われわれ日本人はこの点についてこの後いかに生きてきたであろうか。

ともかく、われわれは過去とつながる自己自身と対決し、自己自身をその内面からのつくりかえをこころみなければならない。政治思想・社会思想の側面からの自己自身との対決も意味がないわけではないが、内面からのつくりかえが志されなければ、それらもまた砂上の楼閣にちかくなる。われわれの自己の内面との対決は、ただそれが唯一であるというのではないが、まず武士とわれわれは向いあわなければならない。その対峙的人倫観とその上につくられる独立の精神にメスを入れなければならない。

解説

菅野覚明

武士の実体が消滅して百数十年経った今日においても、「武士」「サムライ」は相も変わらずニッポンを代表するブランドでありつづけている。文芸やゲームの世界でも、武士の人気には根強いものがある。武士道や武士的なものを云々する論説もまた、過剰なまでに巷間に充ち溢れている。

だが、武士がこれほど人々の関心を集めているにもかかわらず、武士的な精神の学問的究明は、いまだにほとんどなされていない。古文や漢文の（というよりそもそも日本語の）読めない外国人によるものは論外であるとしても、日本人による武士道論でも、幅を利かせているのは『甲陽軍鑑』ひとつ満足に読まずに書かれたような代物ばかりである。ましてや、数多くの原典資料の精緻な読解の上に立って、武士的な精神の本質・骨格にまで迫りえた論説となると、明治以降今日に至るまで、ほとんど五指にも満たない。もしかすると、「武士道」の名を冠したまとまった著作としては、本書、すなわち相良亨の『武士道』がその唯一のものであるかもしれない。

本書を一読すれば、武士的な精神を論ずるためには最低限どれだけの原典がふまえられていなければならないかが明らかになるはずである。そして、例えば新渡戸稲造の『武士道』が、決して武士道そのものを論じた書ではなく、近代人新渡戸その人の道徳思想を述べたものであることも、直ちに了解できるであろう。とはいえ、相良『武士道』の真価は、必ずしもそうした客観性・実証性の方面にばかりあるわけではない。

「武士道の根本のところを、おまえはどう考えているか」と問われたとき、「言下に」これに答えられる者はほとんどいない。まことに「油断千万」である。『葉隠』聞書全十一巻の冒頭は、このような問いで始まっている。山本常朝自身は、この問いに対して、「武士道と云は、死ぬ事と見付たり」と、「言下に」答えた。そのことはともかくとして、相良もまた、精密な実証をふまえた上での明確な答えを用意している。

「対峙的人倫観をふまえた独立の精神」（二〇七頁）というのが、その答えであった。「対峙的人倫観をふまえた独立の精神」は、武士的な精神について、相良が導き出した定義であるといってよい。世の武士道論議の多くは、そもそも武士道とは何かをきちんと定義しようとしていない。ただ、武士的なるものの一部分――「卑怯なことをしない」とか「名誉を重んずる」といった――を恣意的に取りあげて武士道の全体を象徴させ、それで事足れりとしている。しかし、漠然としたイメージに寄りかかった議論をいくら重ねたところで、それは、武士の思想についても、また論者自身の思想についても、何ひとつ語ったことにはならないと相良は考える。

例えば、武士には「いいわけをいわぬ」という道徳があった。世上の武士道論者たちは、そのことをもって武士道を讃美・肯定、あるいは批判する。だが、それらの論者は、肯定あるいは批判する以前に、そもそも「いいわけをいわぬ」という武士の道徳の正味のところがわかっているのだろうか。

相良自身、「〝いいわけをいわぬ〟という態度は立派な態度だと思う。そうありたいと思う」と述べている（まえがき）。だが、その直後に指摘されている通り、「いいわけをいわぬ」道徳は、武士的な精神が、ある局面で見せるほんの一つのあり方である。それは、「武士的なるものの一種の体系的統一の一環としておし出され」た、「氷山の一角」にすぎない。「いいわけをいわぬ」ことは、例えば頭をはられたら直ちに刀を抜いて切りかかるべしという道徳（脇指心《わきざしごころ》）や、主君に殉じて腹を切る道徳等々とともに、武士の「精神構造の全体」を形づくっている。「いいわけをいわぬ」ことは、脇指心や追腹と、根底において質的に通じる一つのものなのである。

「いいわけをいわぬ」道徳に郷愁を感ずるのはよい。だが、脇指心や追腹と一つであるような「いいわけをいわぬ」道徳を、我々は果たして受け容れられるのか。あるいは、その正味のところを理解できるのか。おそらく我々は、受け容れることも、理解することもできないにちがいない。相良もまた、「そこに至り、つぶさにその全貌をみれば、私はそこに落着くことができない」という。

だが、我々はなぜ武士的な精神そのままを受け容れることができないのか。受け容れられない根本的な理由、ぎりぎり理解の及ばない点とは一体何なのか。この反問は、もちろん、そのまま受け容れられると主張する者に対しても同様に有効である。

ここに至って我々は、武士の思想についてのぎりぎりの理解が曖昧であるだけでなく、それを肯定あるいは批判する足場となっている、当の自分自身の人間観・道徳観がはっきりとつかみとれていないことに気づかざるをえない。武士的な精神が全面的には受け容れ難いと感ずる、その自分自身の精神が曖昧のままであることを感ずるのである。

「武士的なものを思うごとに、私はこれに対する自分の姿勢の曖昧さを感ずる」と、相良はいう。武士的な精神という統一された主体が、局面に応じて見せるさまざまなあり方に対して、あるときはわかったと感じる自分があり、あるときは受け容れ難いと感じる自分がいる。だが、そのように感じる自分は、そもそも一体何なのか。武士道に共感し、また反発する自分の精神は、何を拠りどころとし、どのような統一を保っているのであろうか。対象理解の不徹底と表裏をなす、理解する主体自身の曖昧さという、このいわば二重の曖昧さを乗りこえるためには、「武士をみつめ、その正体をつきつめる以外」にはない。

ここには、ある種の「困難」の自覚がふまえられている。その「困難」とは、いうまでもなく、他者を理解することにつきまとう根源的な不可能性の意識である。思想の学に限らず、あらゆる人文学が大なり小なり直面せざるをえないこの困難が、どこまで方法的に自覚されているか。その自覚の度合が究明の質を決定するというのが、相良の基本的な「学問」観であった。

相良は、自身の見いだした方法を、「対決」という言葉でいいあらわしている。具体的な生の全貌を「つぶさに」見る限り、他者と自分とは限りなく異なっている。武士という他者もまた、この自分とは限りなく遠い何者かである。このへだたりを乗りこえ、あるいは埋めることは不可能であるかもしれない。だが、少くとも、へだたりを明確にすることは可能である。どのようにしてか。それは、対象の全体をどこまでも純粋に煮つめていき、その動かぬ輪郭を捉えることによってである。要するに、相手の「正体」を一言で言い取ったとき、自己とのへだたりは、深く無限のままでありつつも、しかしある意味で紙一重の違いに集約される。言いかえれば、自己と他者との間に、「こう違うのですね」という「対話」が成り立つ水準が現出する。相手の生きざまや言説の全体を徹底的に抽象し（とはいえ、それは単に特殊性・具体性を切り捨てる「還元」ではない。相良は、「純粋培養」という言葉を好んで用いた）、自己とは何か、人間とは何かという普遍的な問いが応酬される「対話」の水準を現出させること。それが、相良倫理学における「対決」という方法なのであった。

本書は、相良学と称される倫理学・日本倫理思想史研究の基本軸が、はじめて明確に自覚化された記念碑的な著作である。戦闘者という武士の特殊的な生に根ざした思想が、その特殊的な質を保ったままどこまでも純粋化され、「対峙的人倫観をふまえた独立の精神」という結晶となって取り出される。「勝負の構」に根ざす強烈な個の主張が、人倫を突破し、他者に対して超然とした境地にまで達する。武士的な精神の輪郭がこのように捉え切られたとき、我々はそこであらためて、自己とは何か、自己を支える超越とは何かという、自己自身への問いとの対決を迫られるのである。

相良亨『武士道』は、昭和四十三（一九六八）年十月、塙書房より、塙新書の一冊として刊行された。講談社学術文庫に収めるにあたっては、塙新書版の第四刷を底本とし、ぺりかん社刊『相良亨著作集』第三巻所収の本文とも対照しつつ、明らかな誤記・誤植等を訂正した。また、引用文については、原典と照合して誤脱等を訂正した。

ただし、次の二箇所については、単純な誤記訂正の範囲には収まらないものと判断し、そのまま本文に残した。

一、三十一頁十一行目の「第十七条には」の部分。著者が依拠しているのは、群書類従・武家部所収の『朝倉敏景十七箇条』である。「第十七条には」とされている引用箇所「諸沙汰在所の時」云々は、第十七条の文章ではない。群書類従本では、十七ケ条の終わったあと、結びの文が入り、その後にさらに「一」とあって、第十七条の趣旨と重複する、補足とも付記ともつかぬ一条が立てられている。引用文は、その箇所からのものである。

二、七十六頁十三行目、「保元の乱に源義朝は敗北した」は、歴史的事実として明らかに誤りである。しかしこの一文は、以下に続く『保元物語』「義朝幼少の弟悉く失はるゝ事」を主題とした記述の直接の導入になっており、「義朝」を「為義」に、あるいは「敗北」を「勝利」に改める単純な誤記訂正では、文章の一貫した流れが保てない。もし改めるとすれば、義朝が勝者の側、義朝の父と弟たちが敗者の側にあったことがわかるように大幅に記述を補う必要がある。

なお、本書中の原典からの引用文について、一言補足しておく。

著者は、引用にあたって、いずれのテクストに依拠したかをいちいち明記していない。用いられたテクストの多くは、戦前に刊行された活字本であるため、今日普通に入手できるテクスト本文とは大きく異なっている場合もある。また、著者は、原文の表記をかなり自在に改めており、漢文の場合には著者自身による訓読文のみが記されている。そのため、一部の引用については、依拠したテクストが何であったかが確定しきれないものもある。引用文を校正するにあたっては、本文の形が最も近いと思われるテクストを選んで照合した。参考までに、照合に用いたテクストの一覧を掲げておく。


『言志四録』『武道伝来記』『武道初心集』『神皇正統記』『保元物語』『五輪書』『武家義理物語』……岩波文庫。

『等持院殿御遺書』『為愚息教訓一札』『上杉定正状』『文明一統記』『早雲寺殿二十一ケ条』……日本教育文庫「家訓篇」。

『朝倉敏景十七箇条』……群書類従「武家」部。

『朝倉宗滴話記』『敵戒説』……日本教育文庫「訓誡篇」・中。

『甲陽軍鑑』……武田流軍学全書。

『葉隠』……岩波文庫及び校注葉隠。

『不尽言』……日本経済大典十一巻。

『三徳抄』……日本哲学思想全書十四巻。
『寸鉄録』……藤原惺窩集・上。
『福翁百話』……福沢諭吉全集六巻。
『立会就産考』……明治文化全集九巻。

（東京大学教授、日本倫理思想史）

KODANSHA

本書の原本は、一九六八年、塙書房より刊行されました。

なお、本書の引用文中に、現代では差別、偏見ととられる不適切な表現がありますが、歴史的資料であることに鑑み、そのままとしました。

相良　亨（さがら　とおる）

1921年，金沢市生まれ。1944年，東京帝国大学文学部倫理学科卒業。和辻哲郎に師事。東京大学名誉教授。日本学士院会員。専攻は，日本倫理思想史。『近世日本における儒教運動の系譜』『本居宣長』『日本人の心』『誠実と日本人』『世阿弥の宇宙』『伊藤仁斎』など著書多数。『相良亨著作集』（全6巻）がある。2000年，逝去。

講談社学術文庫

定価はカバーに表示してあります。

武士道《ぶしどう》

相良《さがら》　亨《とおる》

2010年9月13日　第1刷発行
2024年6月24日　第7刷発行

発行者　森田浩章
発行所　株式会社講談社
東京都文京区音羽 2-12-21 〒112-8001
電話　編集（03）5395-3512
販売（03）5395-5817
業務（03）5395-3615

装　幀　蟹江征治
印　刷　株式会社広済堂ネクスト
製　本　株式会社国宝社
本文データ制作　講談社デジタル製作

ISBN978-4-06-292012-4

「講談社学術文庫」の刊行に当たって

これは、学術をポケットに入れることをモットーとして生まれた文庫である。学術は少年の心を養い、成年の心を満たす。その学術がポケットにはいる形で、万人のものになることは、生涯教育をうたう現代の理想である。

こうした考え方は、学術を巨大な城のように見る世間の常識に反するかもしれない。また、一部の人たちからは、学術の権威をおとすものと非難されるかもしれない。しかし、それはいずれも学術の新しい在り方を解しないものといわざるをえない。

学術は、まず魔術への挑戦から始まった。やがて、いわゆる常識をつぎつぎに改めていった。学術の権威は、幾百年、幾千年にわたる、苦しい戦いの成果である。こうしてきずきあげられた城が、一見して近づきがたいものにうつるのは、そのためである。しかし、学術の権威を、その形の上だけで判断してはならない。その生成のあとをかえりみれば、その根は常に人々の生活の中にあった。学術が大きな力たりうるのはそのためであって、生活をはなれた学術は、どこにもない。

開かれた社会といわれる現代にとって、これはまったく自明である。生活と学術との間に、もし距離があるとすれば、何をおいてもこれを埋めねばならない。もしこの距離が形の上の迷信からきているとすれば、その迷信をうち破らねばならぬ。

学術文庫は、内外の迷信を打破し、学術のために新しい天地をひらく意図をもって生まれた。文庫という小さい形と、学術という壮大な城とが、完全に両立するためには、なおいくらかの時を必要とするであろう。しかし、学術をポケットにした社会が、人間の生活にとってより豊かな社会であることは、たしかである。そうした社会の実現のために、文庫の世界に新しいジャンルを加えることができれば幸いである。

一九七六年六月

野間省一

日本人論・日本文化論

22
日本文化論
梅原　猛著

〈力〉を原理とする西欧文明のゆきづまりに代わる新しい原理はなにか？　〈慈悲〉と〈和〉の仏教精神こそが未来の世界文明を創造していく原理になるとして、仏教の見なおしの要を説く独創的な文化論。

48
比較文化論の試み
山本七平著

日本文化の再生はどうすれば可能か。それには自己の文化を相対化して再把握するしかないとする著者が、さまざまな具体例を通して、日本人のものの見方と伝統の特性を解明したユニークな比較文化論。

51
日本人とは何か
加藤周一著

現代日本の代表的知性が、一九六〇年前後に執筆した日本人論八篇を収録。伝統と近代化・天皇制・知識人を論じて、日本人とは何かを問い、精神的開国の要を説いて将来の行くべき方向を示唆する必読の書。

電P

76・77
日本文化史研究（上）（下）
内藤湖南《こなん》著（解説・桑原武夫）

日本文化は、中国文化圏の中にあって、中国文化の強い影響を受けながらも、日本独自の文化を形成してきた。著者はそれを深い学識と日中の歴史事実とを通して解明した。卓見あふれる日本文化論の名著。

278
日本人の人生観
山本七平著

日本人は依然として、画一化された生涯をめざす傾向からぬけ出せないでいる。本書は、我々を無意識の内に拘束している日本人の伝統的な人生観を再把握し、新しい生き方への出発点を教示した注目の書。

1386
葉隠《はがくれ》　武士と「奉公」
小池喜明著

泰平の世における武士の存在を問い直した書。「葉隠」は武士の心得について、元佐賀鍋島藩士山本常朝の語りをまとめたもの。儒教思想を否定し、武士の奉公は主君への忠誠と献身の態度で尽くすことと主張した。

日本人論・日本文化論

1562
ドナルド・キーン著／足立　康訳
果てしなく美しい日本

若き日の著者が瑞々しい感覚で描く日本の姿。緑あふれ、伝統の息づく日本に思いを寄せて描き出した昭和三十年代の日本。時代が大きく変化しても依然として変わらない日本文化の本質を見つめ、見事に剔り出す。

1708
R・ベネディクト著／長谷川松治訳
菊と刀
日本文化の型

菊の優美と刀の殺伐――。日本人の精神生活と文化を通し、その行動の根底にある独特な思考と気質を抉剔する、不朽の日本論。「恥の文化」を鋭く分析し、日本人とは何者なのかを鮮やかに描き出した古典的名著。

1816
李御寧《イーオリョン》著（解説・高階秀爾）
「縮み」志向の日本人

小さいものに美を認め、あらゆるものを「縮める」ところに日本文化の特徴がある。入れ子型、扇子型、折詰め弁当型、能面型など「縮み」の類型に拠って日本文化を分析、「日本人論中の最高傑作」と言われる名著。

1990
船曳建夫著
「日本人論」再考

明治以降、夥しい数の日本人論が刊行されてきた。『武士道』『菊と刀』『「甘え」の構造』などの本はなぜ書かれ、読まれ、好評を博すのか。２０００超の日本人論の構造を剔出し、近代日本人の「不安」の在処を探る。
電P

2012
相良　亨著
武士道

侍とはいかなる精神構造を持っていたのか？　主従とは、死とは、名と恥とは……。『葉隠』『甲陽軍鑑』『武道初心集』『山鹿語類』など武士道にかかわる書を読み解き、日本人の死生観を明らかにした、日本思想史研究の名作。
電P

2078
ドナルド・キーン著／金関寿夫訳
百代《はくたい》の過客
日記にみる日本人

日本人にとって日記とはなにか？　八十編におよぶ日記文学作品の精緻な読解を通し、千年におよぶ日本人像を活写。日本文学の系譜が日記文学にあることを看破し、その独自性と豊かさを探究した不朽の名著！